Angelika Wagner

Emotionale Welten

Dieses Buch enthält Bilder, die in in dem Buch „Explosive Gefühle" keinen Platz hatten.

1. Auflage: März 2015

Angelika Wagner

Herausgeber: Nee Popelubu

Nee Popelubu c/o Wagner

Ledergasse 18, 79737 Herrischried

©Bilder: Angelika Wagner

Alle Rechte vorbehalten.

Print on Demand durch CreateSpace

Herstellung: Amazon Distribution GmbH Leipzig

ISBN-13: 978-1508664956

ISBN-10: 1508664951

Die Bilder wurden auf Zeichenpapier 150 g/m² gefertigt. Sie wurden mit 600 dpi gescannt.

Verwendete Materialien: Acryl, Aquarell aus der Tube und Aquarellstifte, farbige Tuschen, Pastellkreiden, Zeichenkohle, Graphitstift.

Angelika zum 70. Geburtstag

„Ich male nicht, was ich vor mir sehe,

sondern was ich in mir empfinde.“

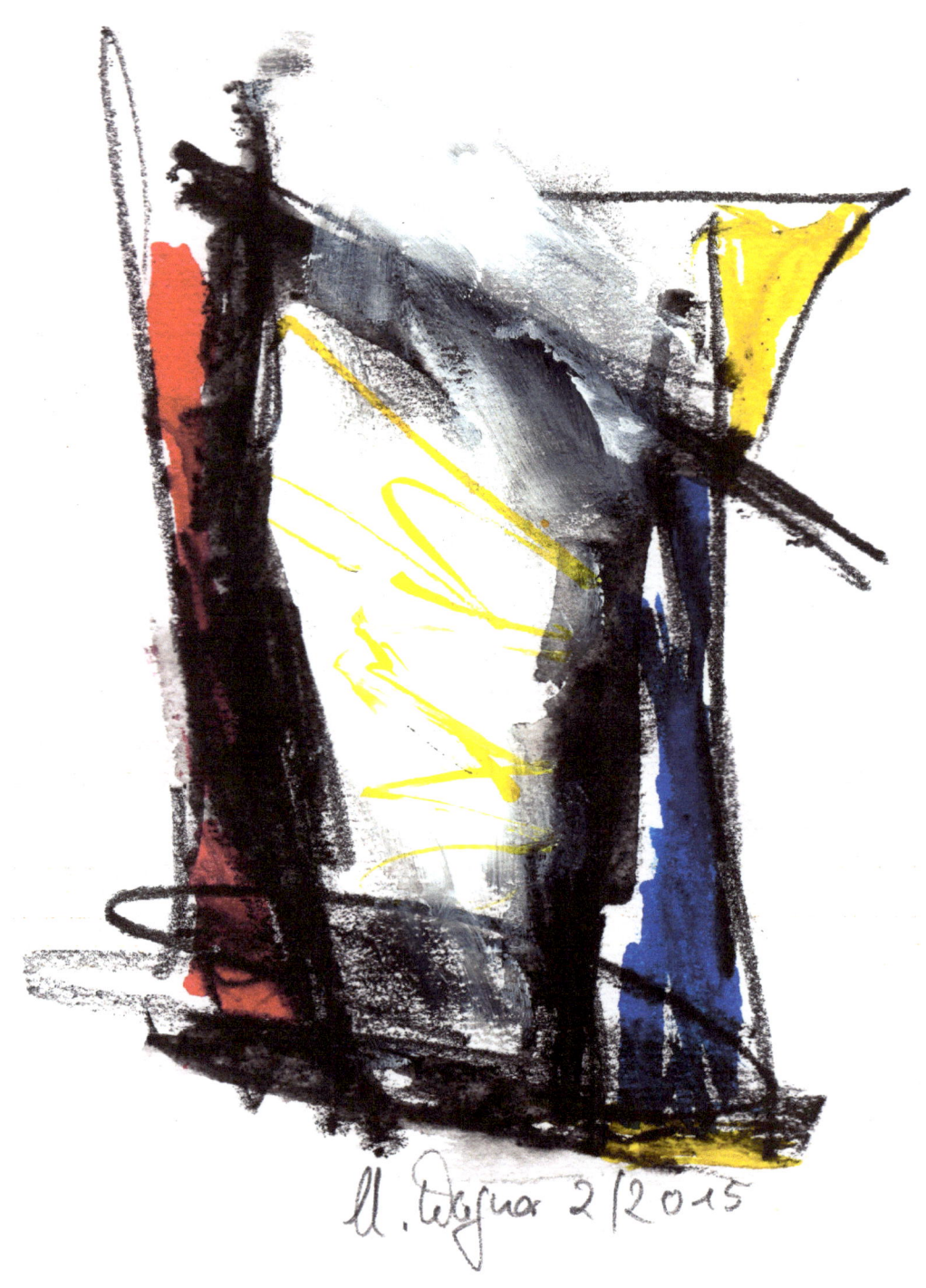

M. Wagner 2/2015

4

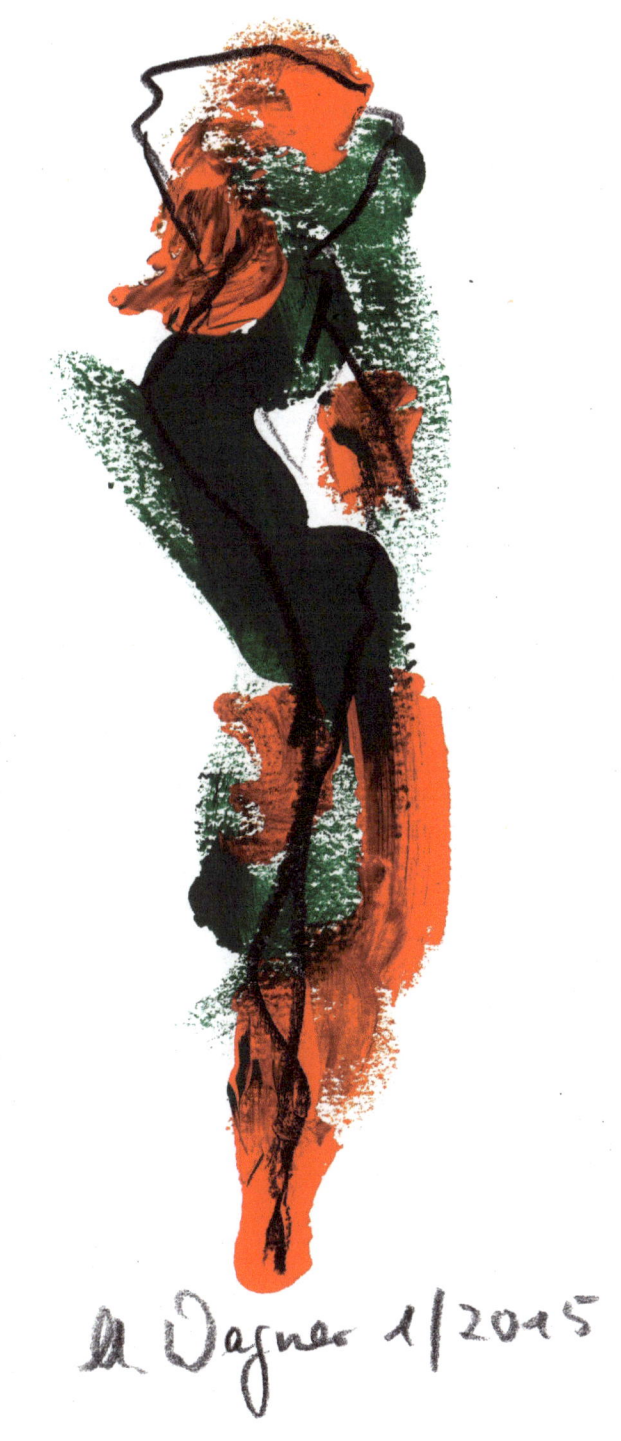

W. Wagner 1/2015

M. Wagner 1/2015

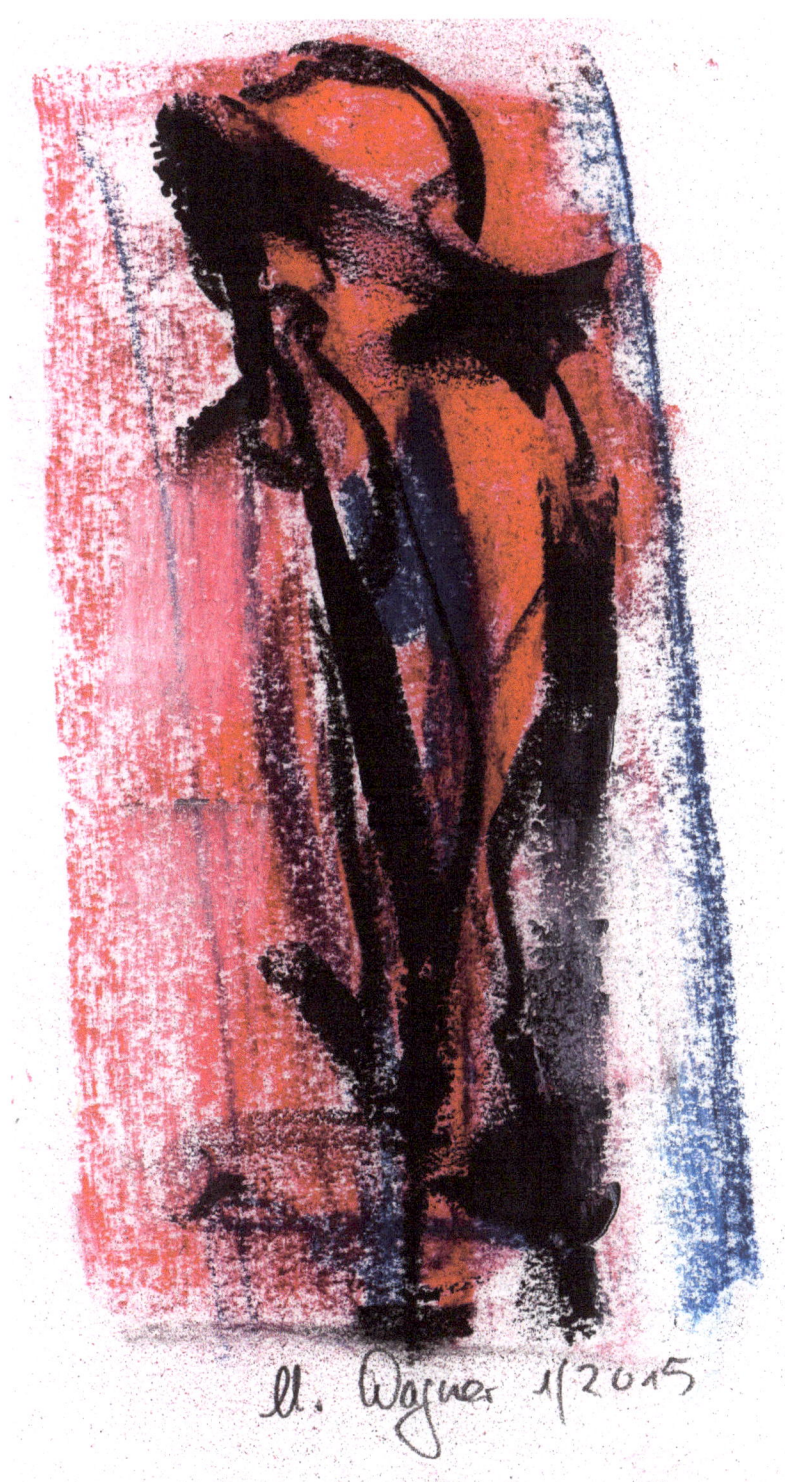

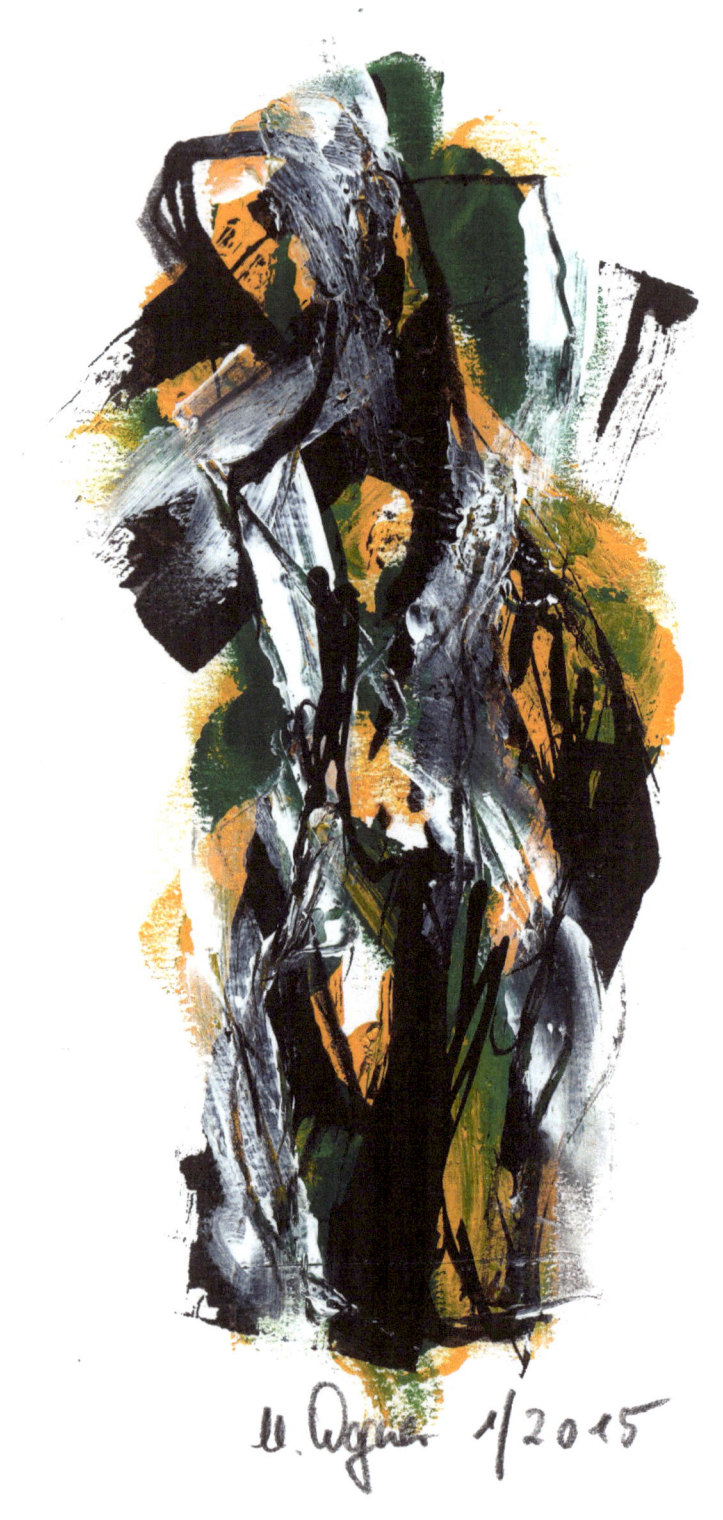

U. Wagner 1/2015

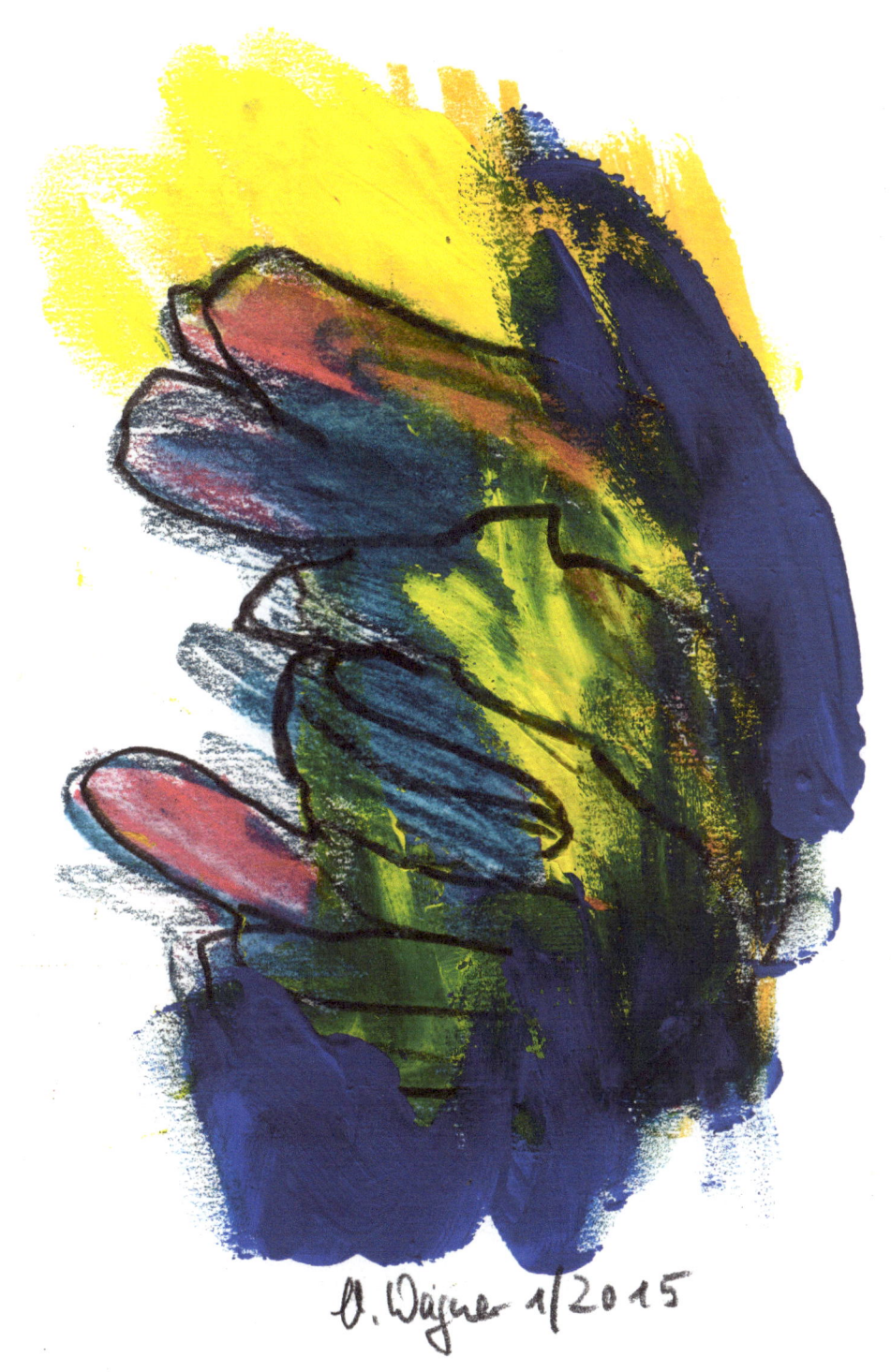

O. Wagner 1/2015

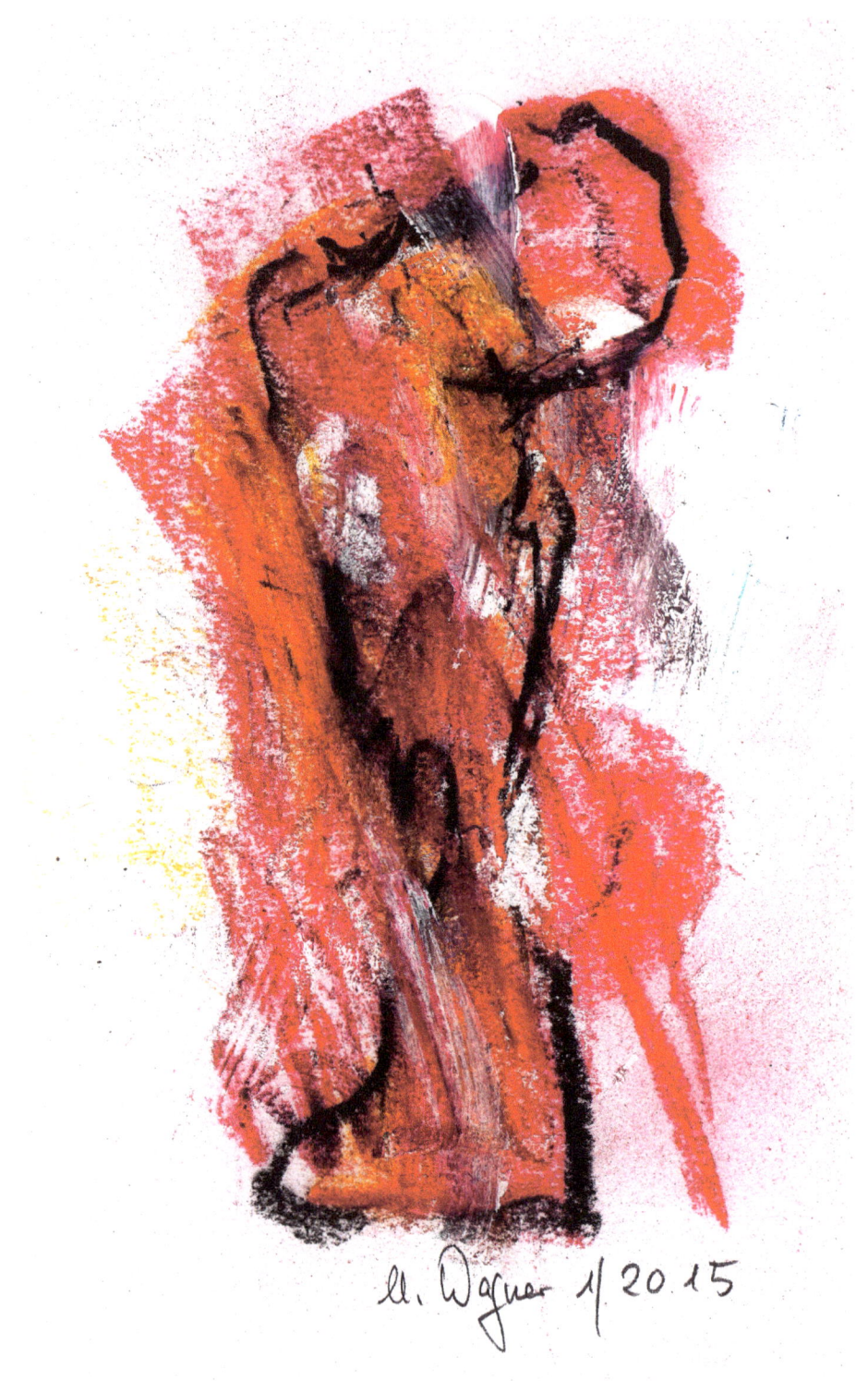

M. Wagner 1/20.15

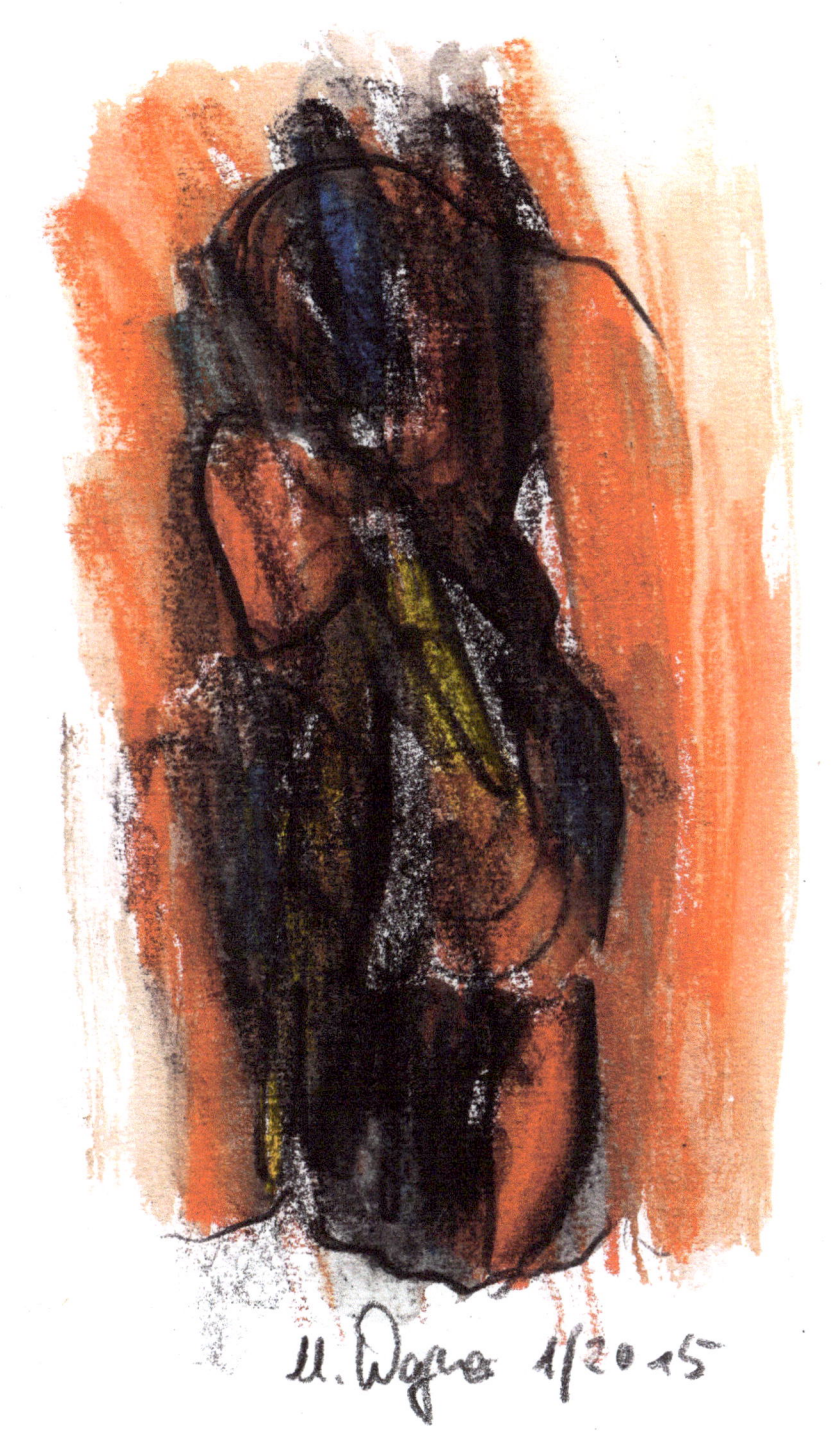

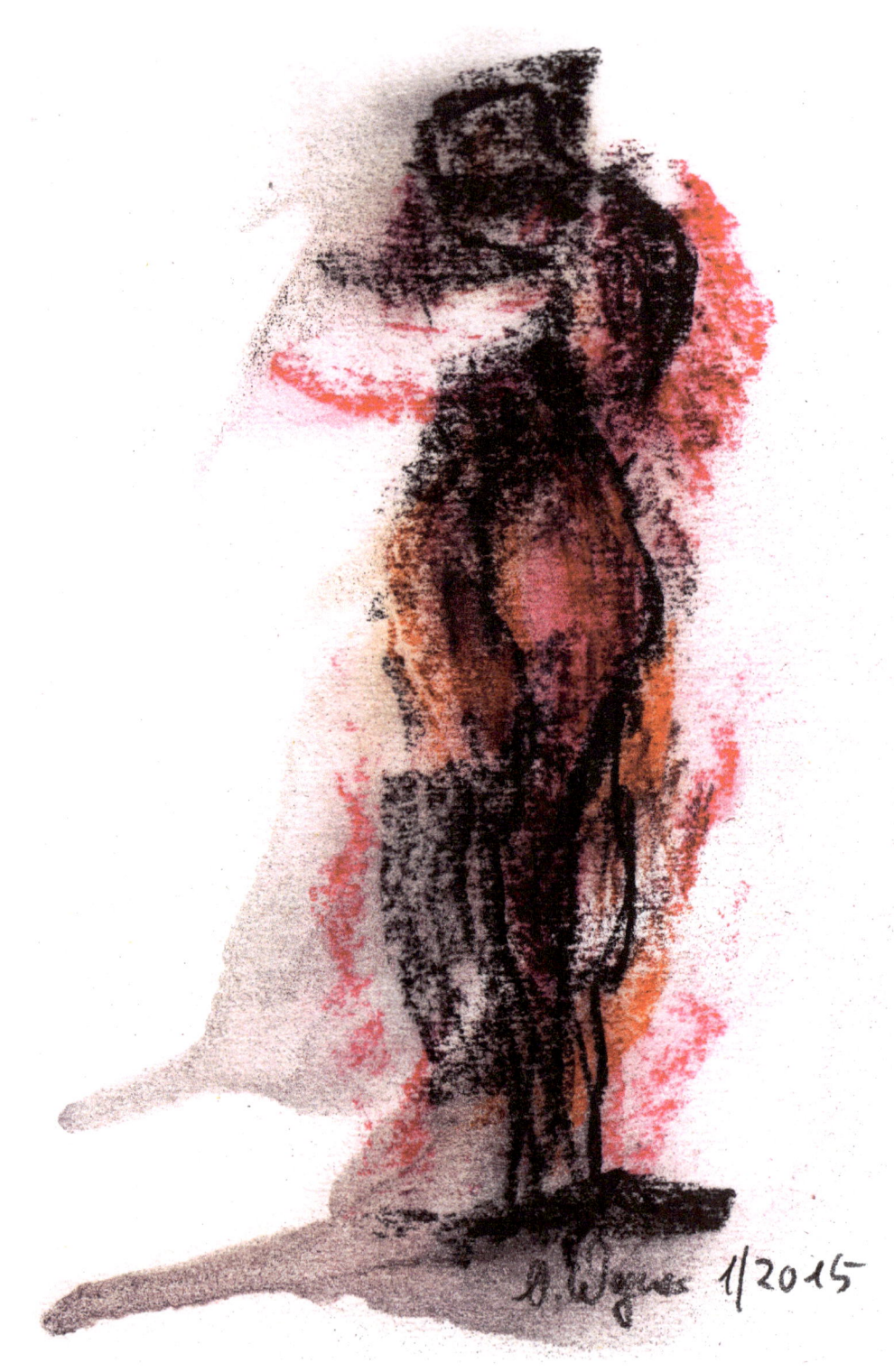

B. Wagner 1/2015

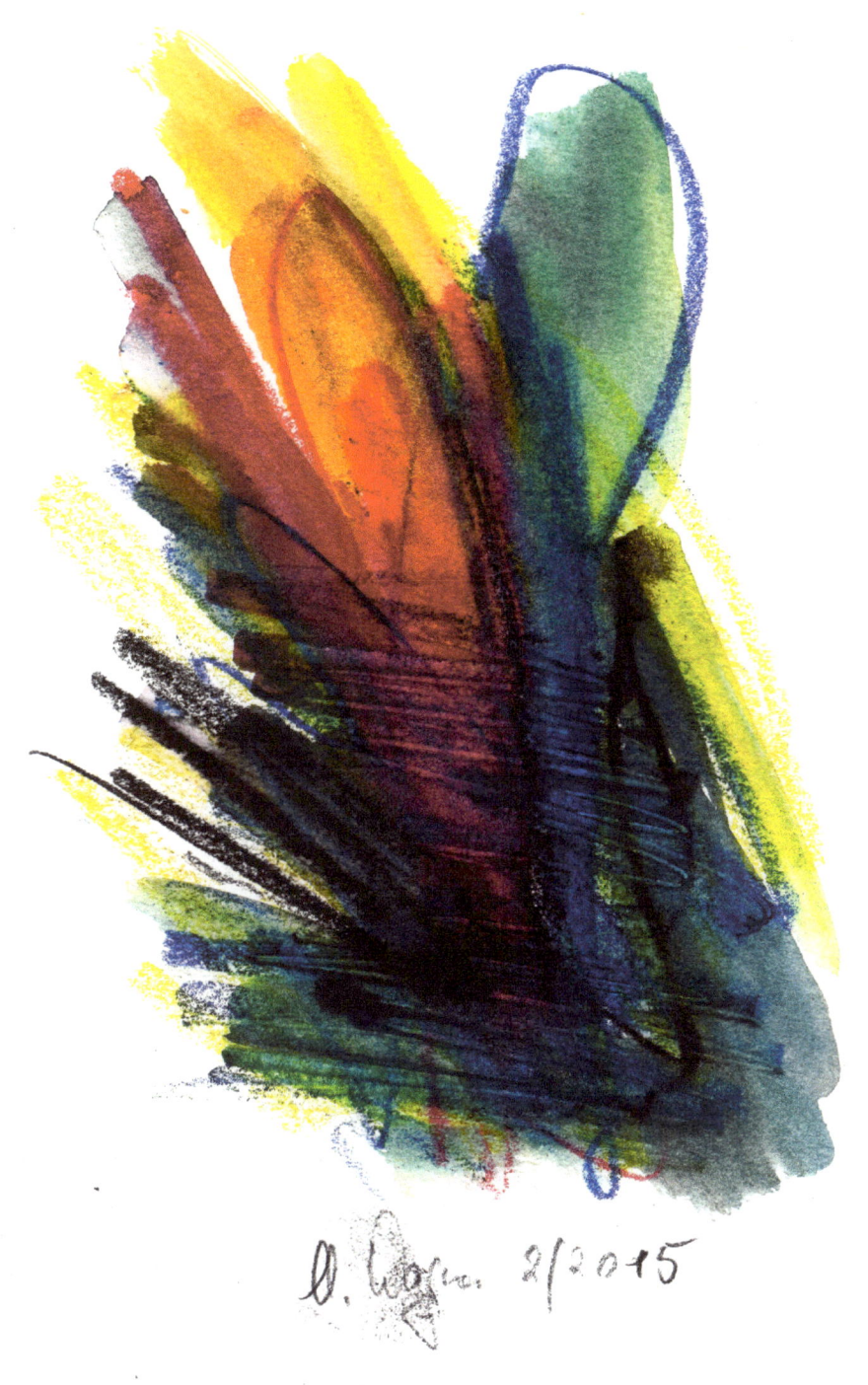

O. Wagner. 2/2015

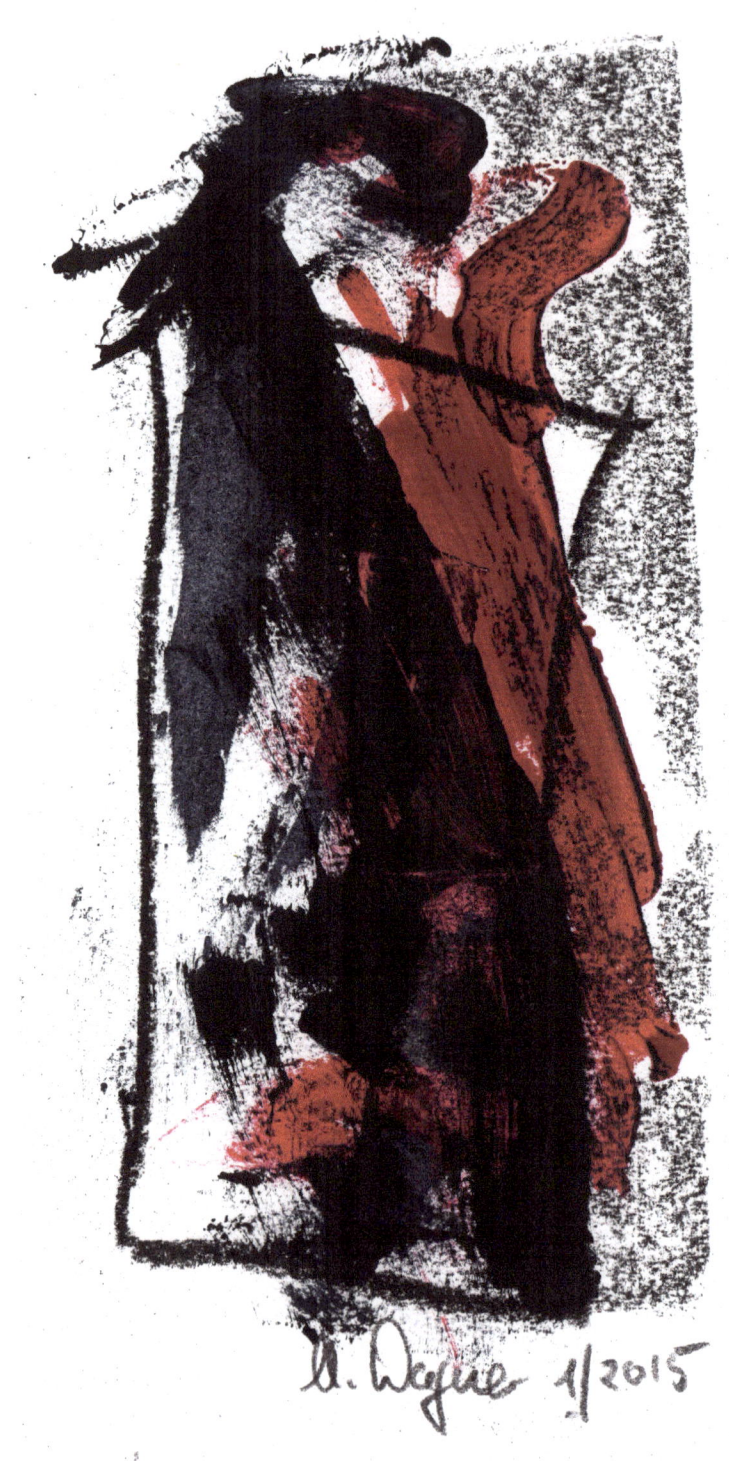

A. Wegue 1/2015

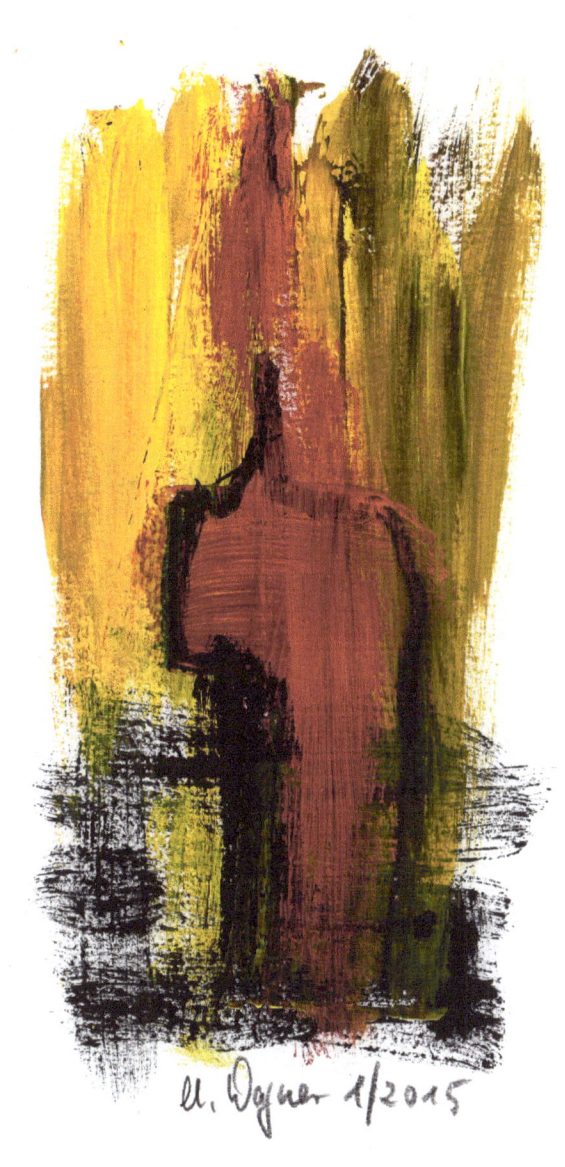

U. Wgner 1/2015

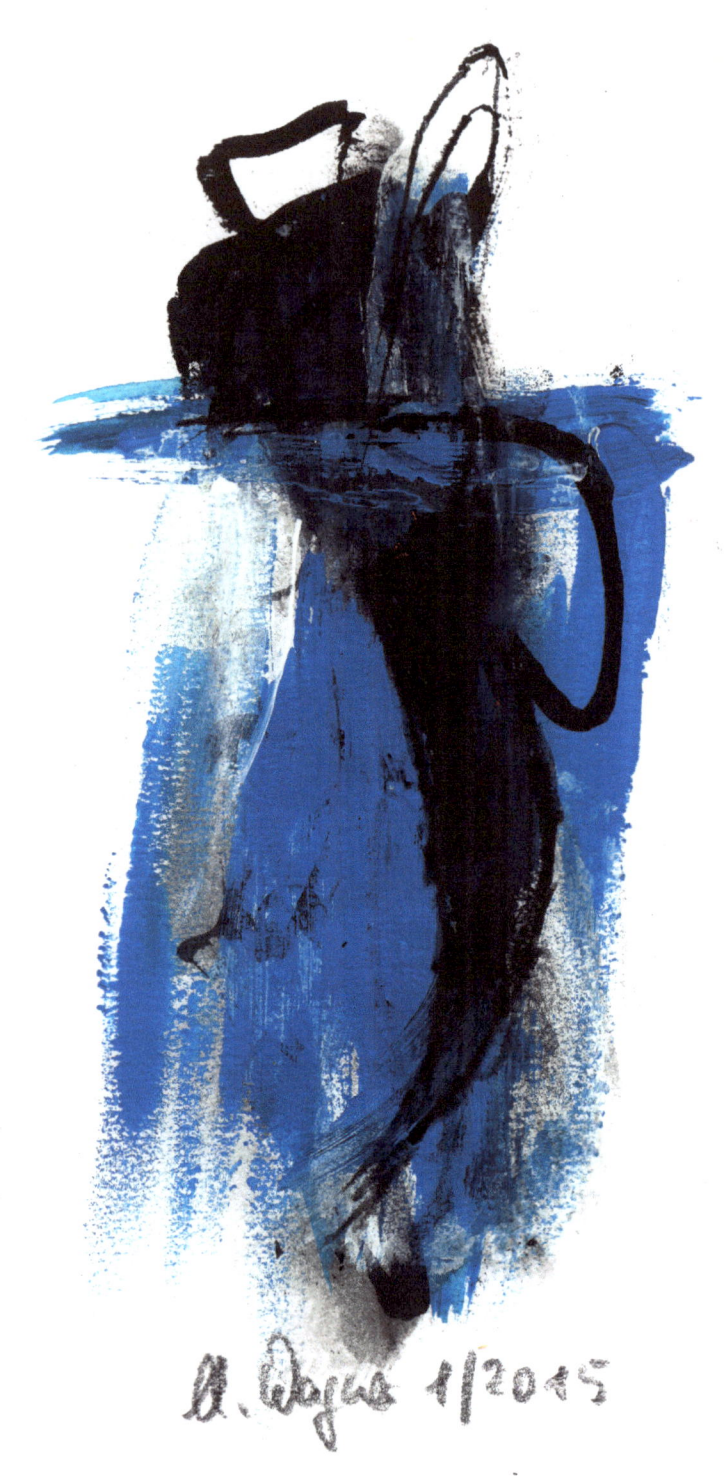

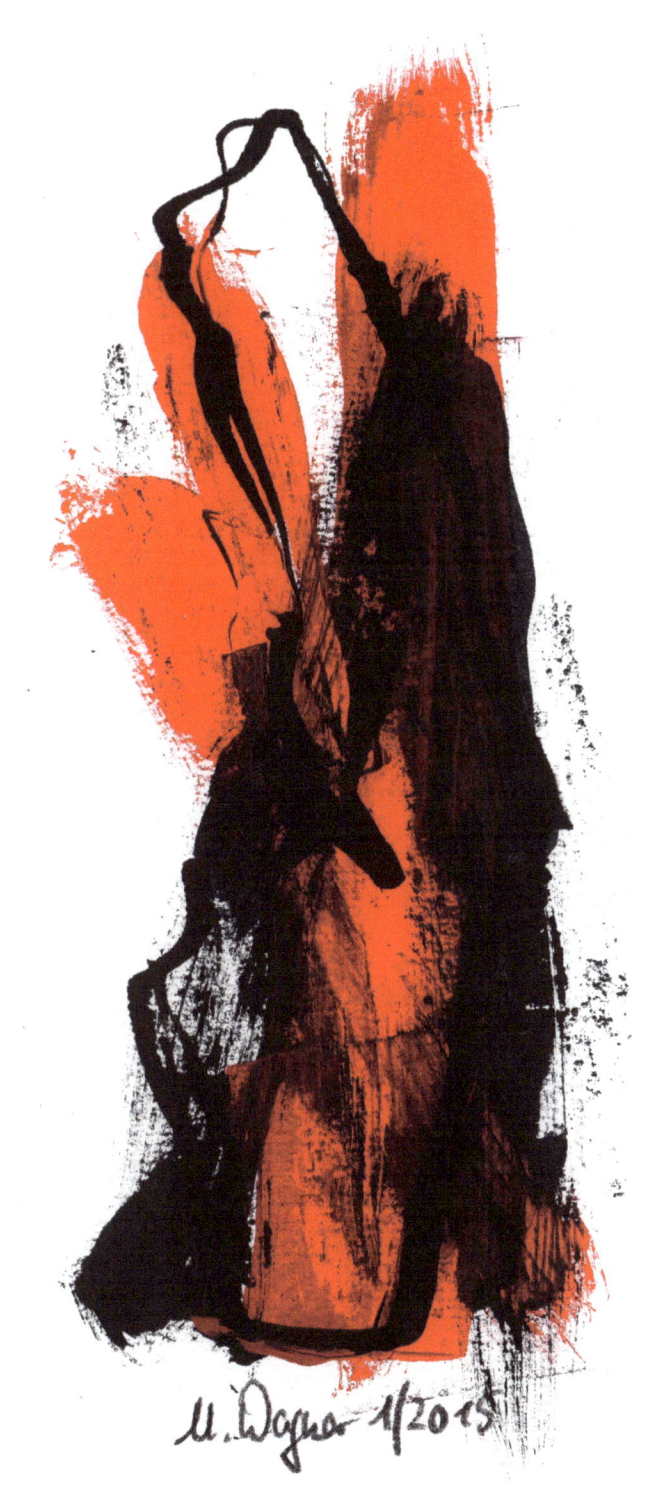

M. Wagner 1/2015

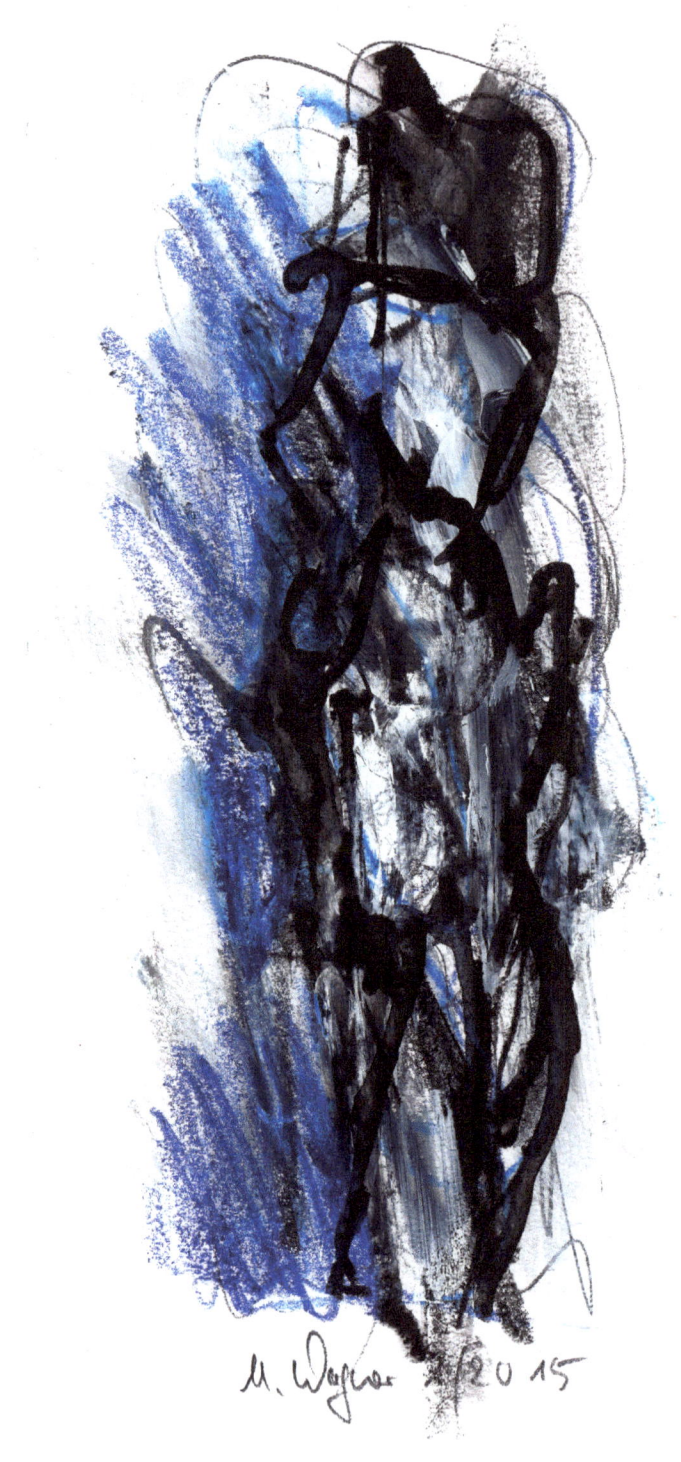

M. Wagner 2015

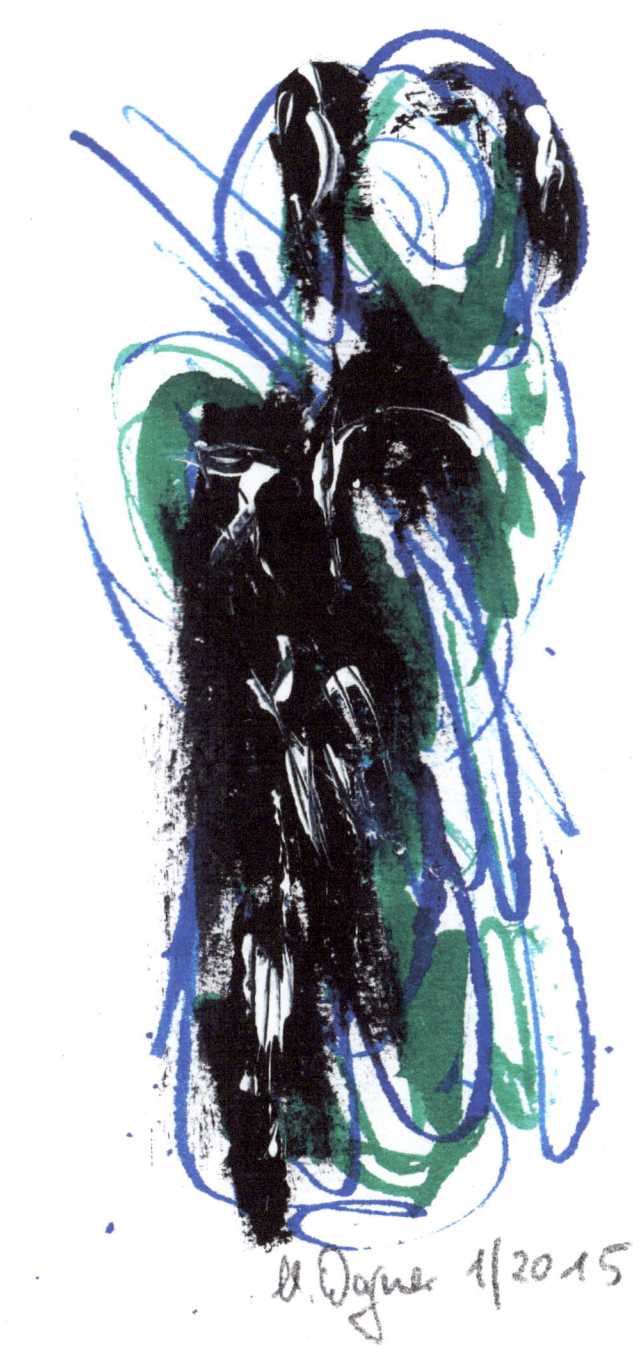

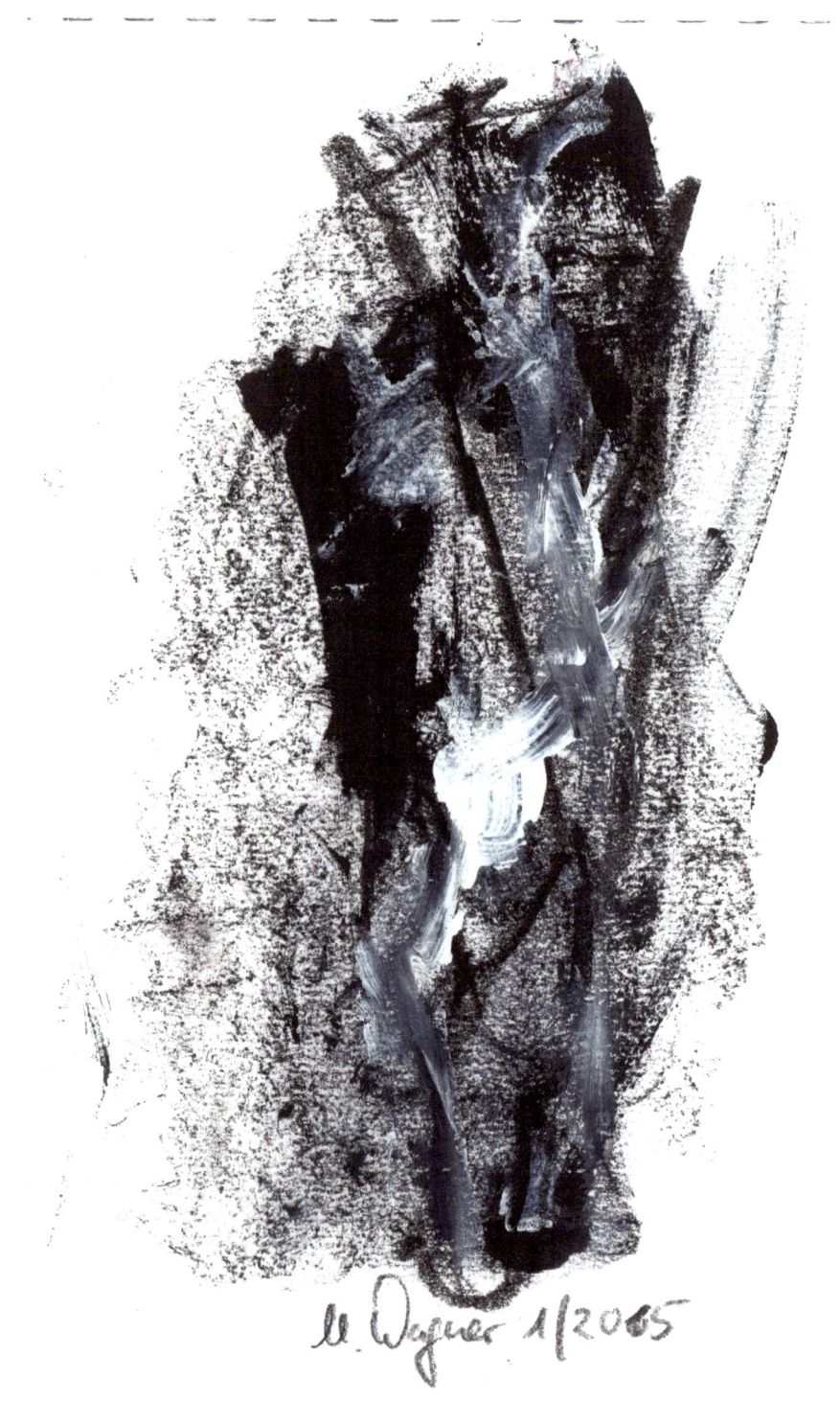

U. Wagner 1/2005

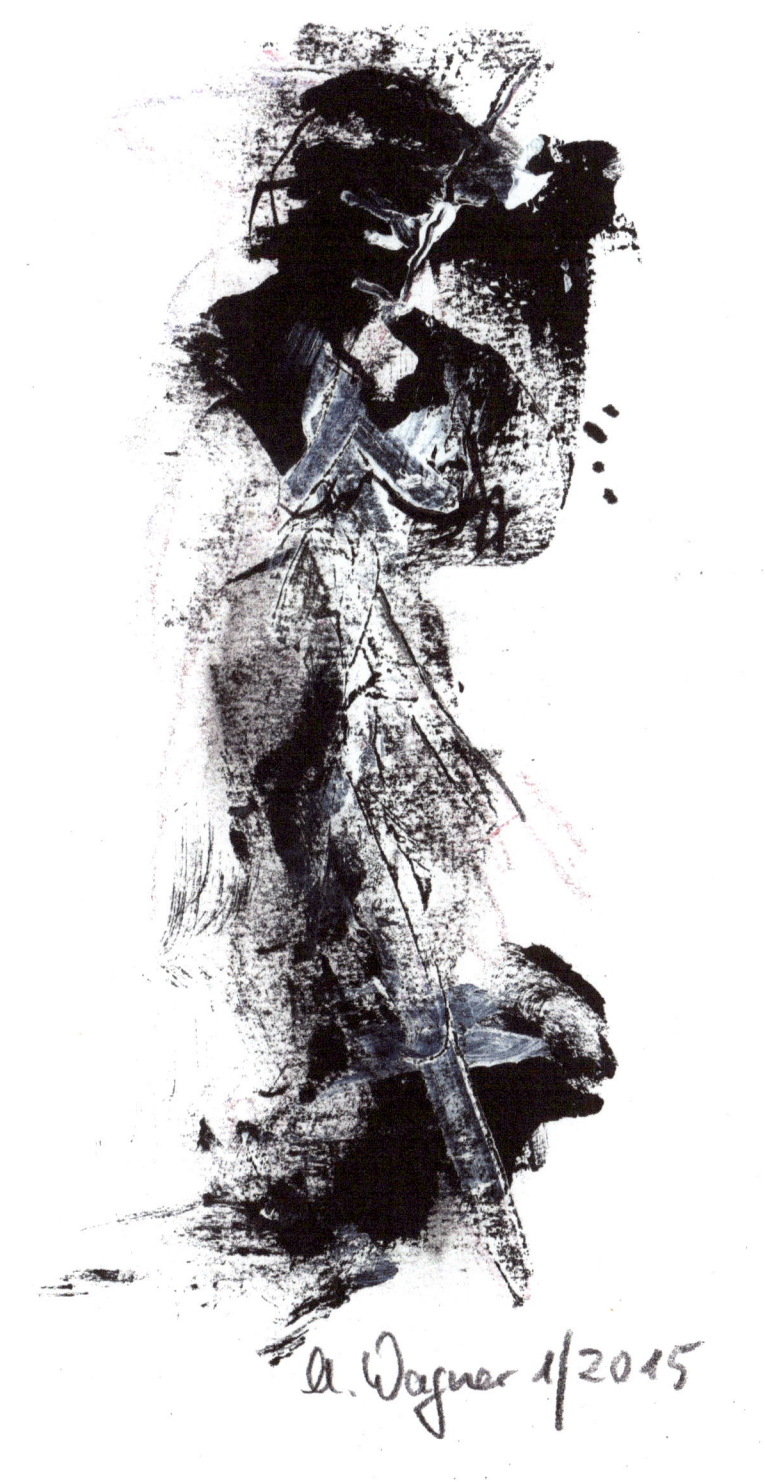

a. Wagner 1/2015

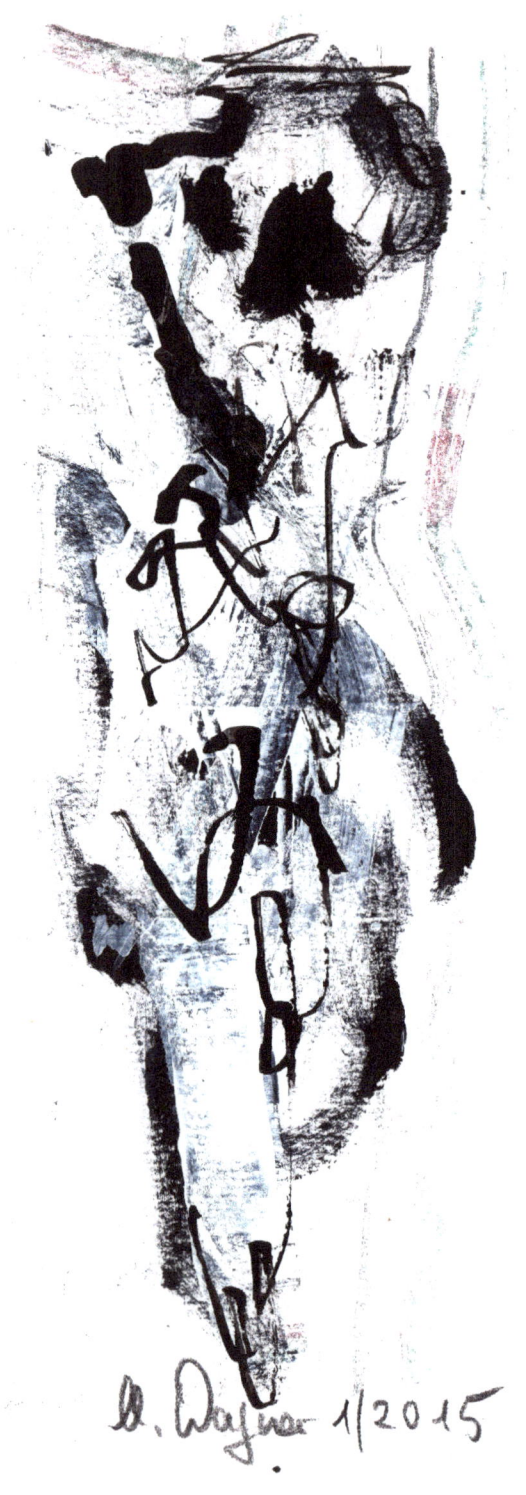

a. Wagner 1/2015

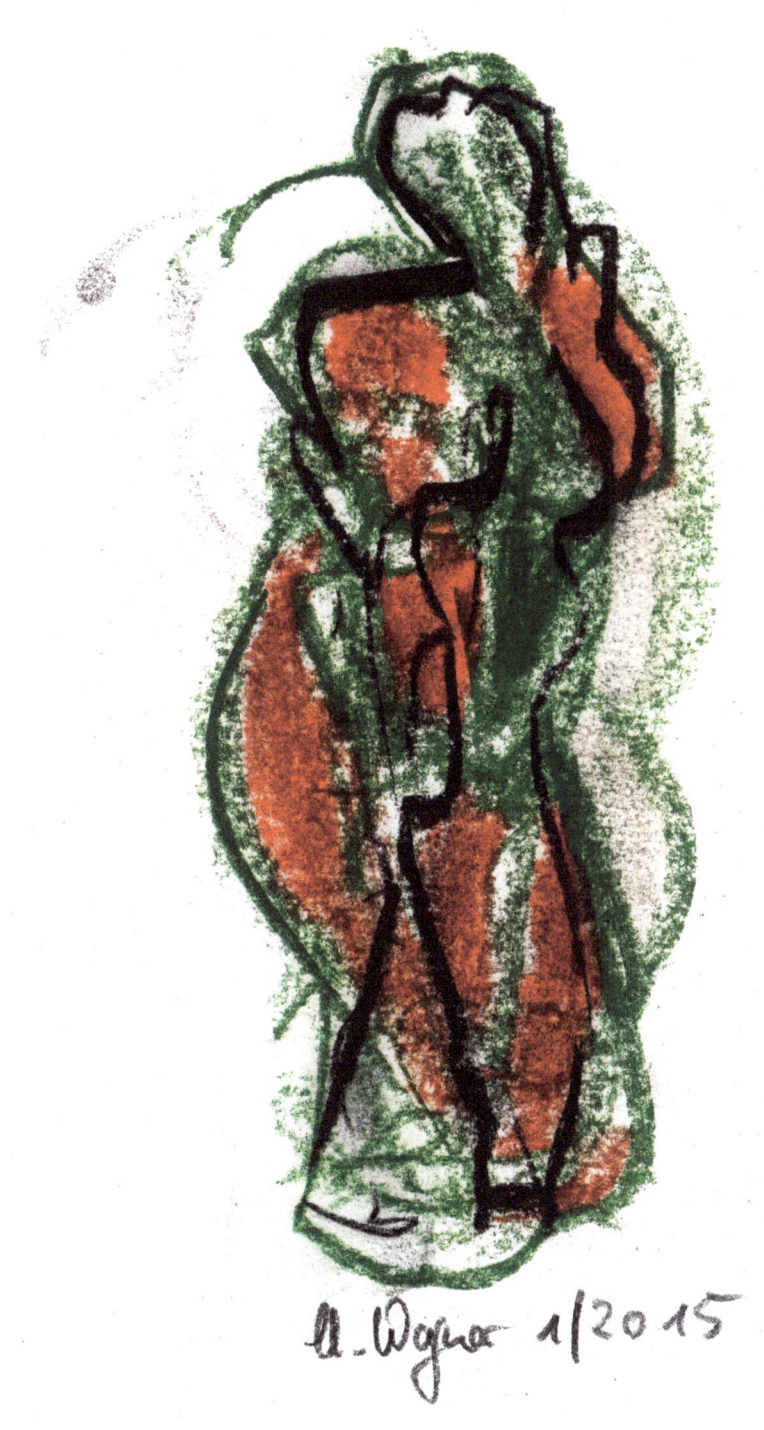

a. Wgner 1/2015

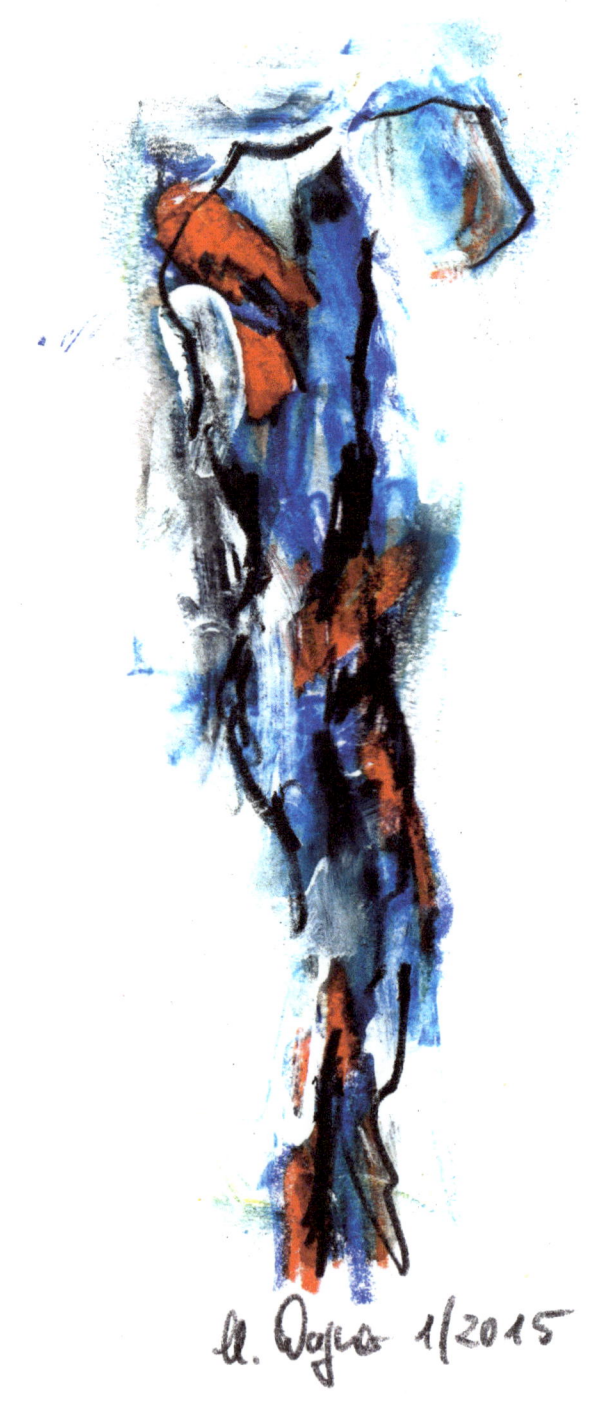

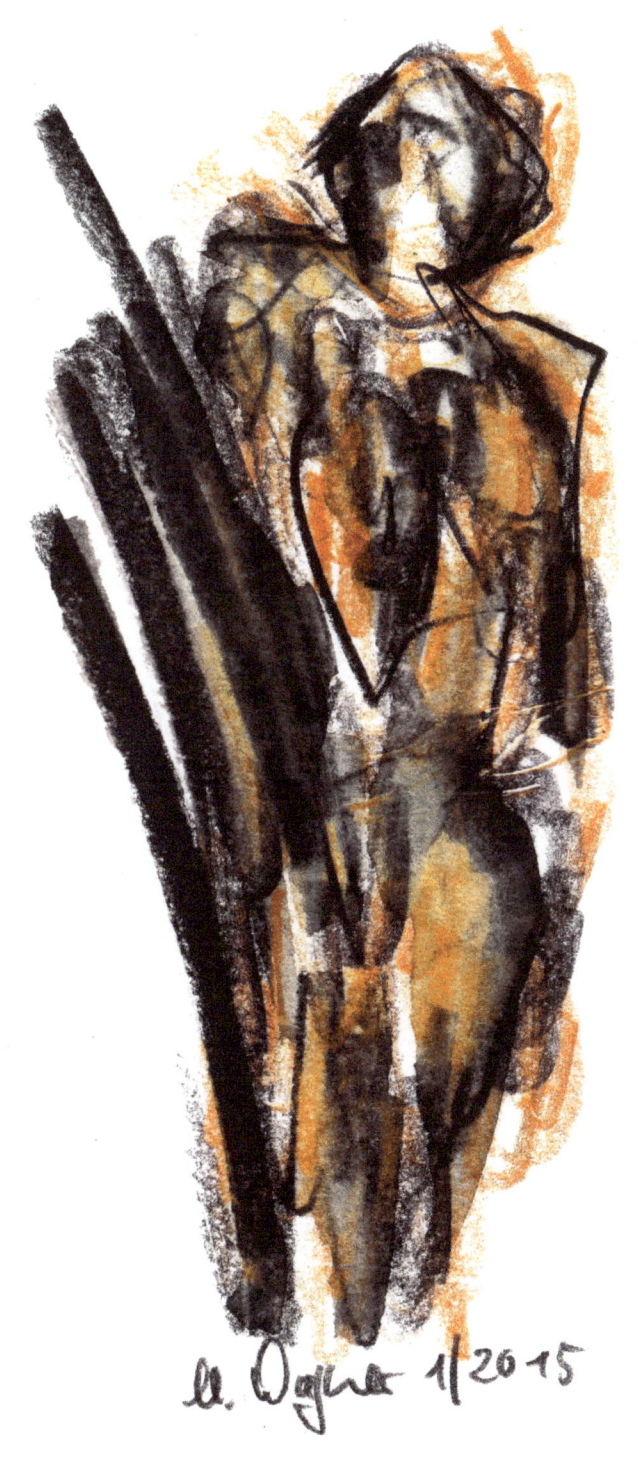

a. Ogne 1/2015

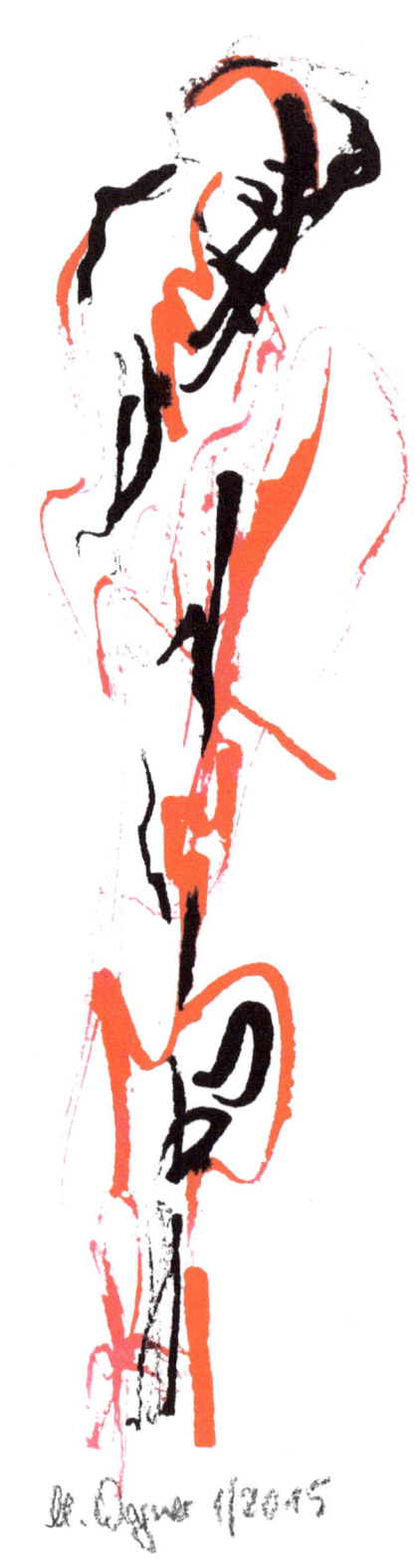

H. Clegner 1/2015

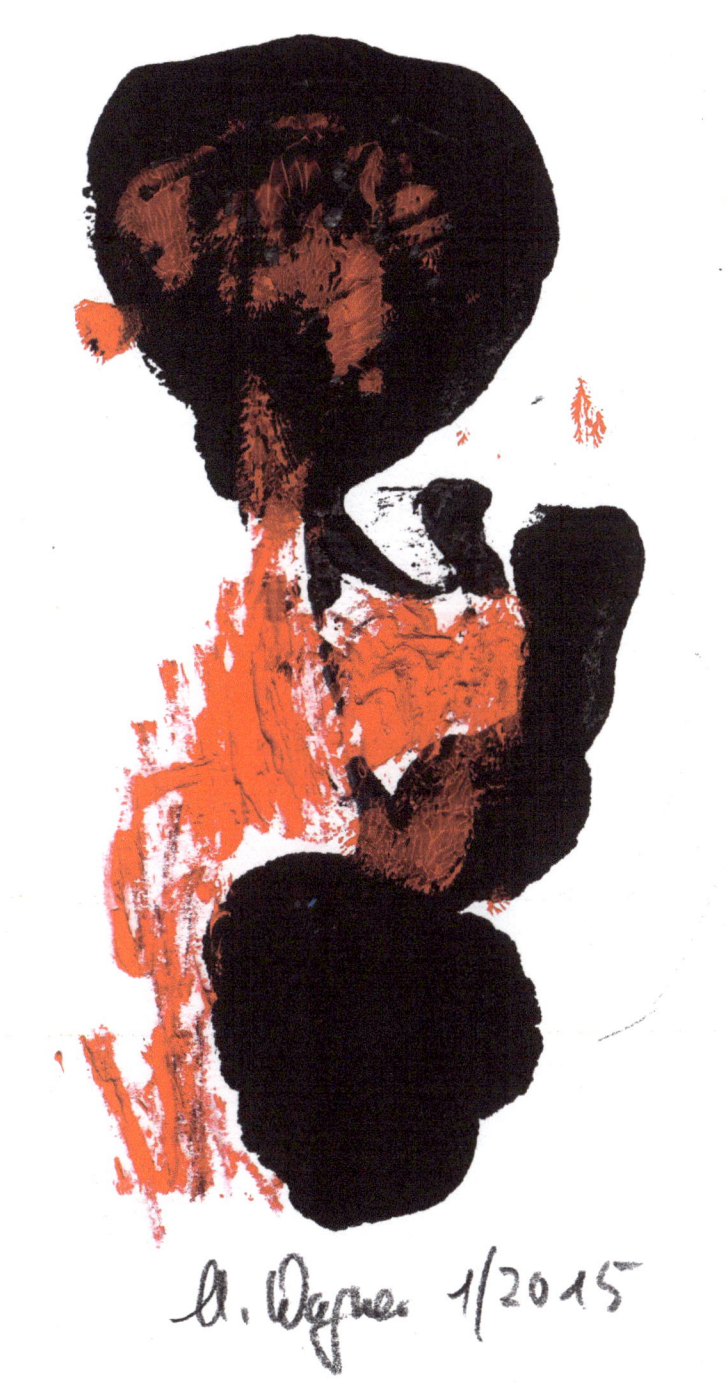

a. Wagner 1/2015

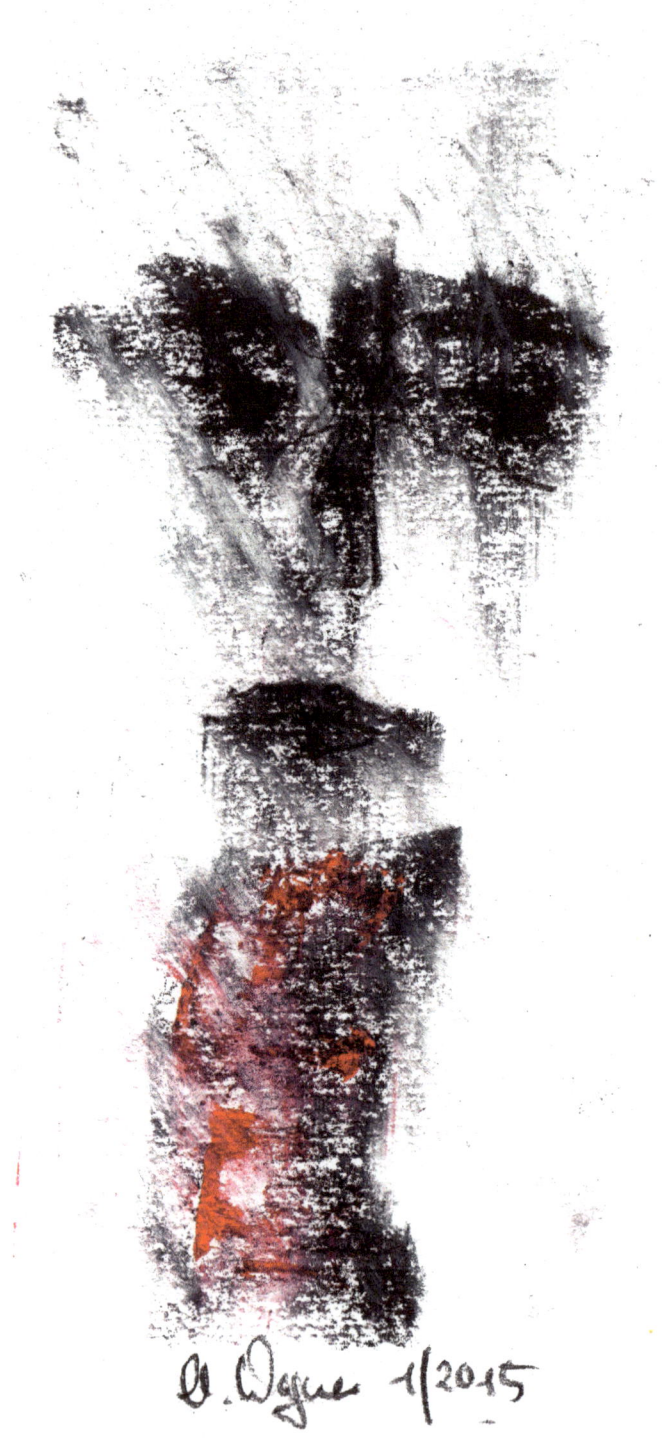

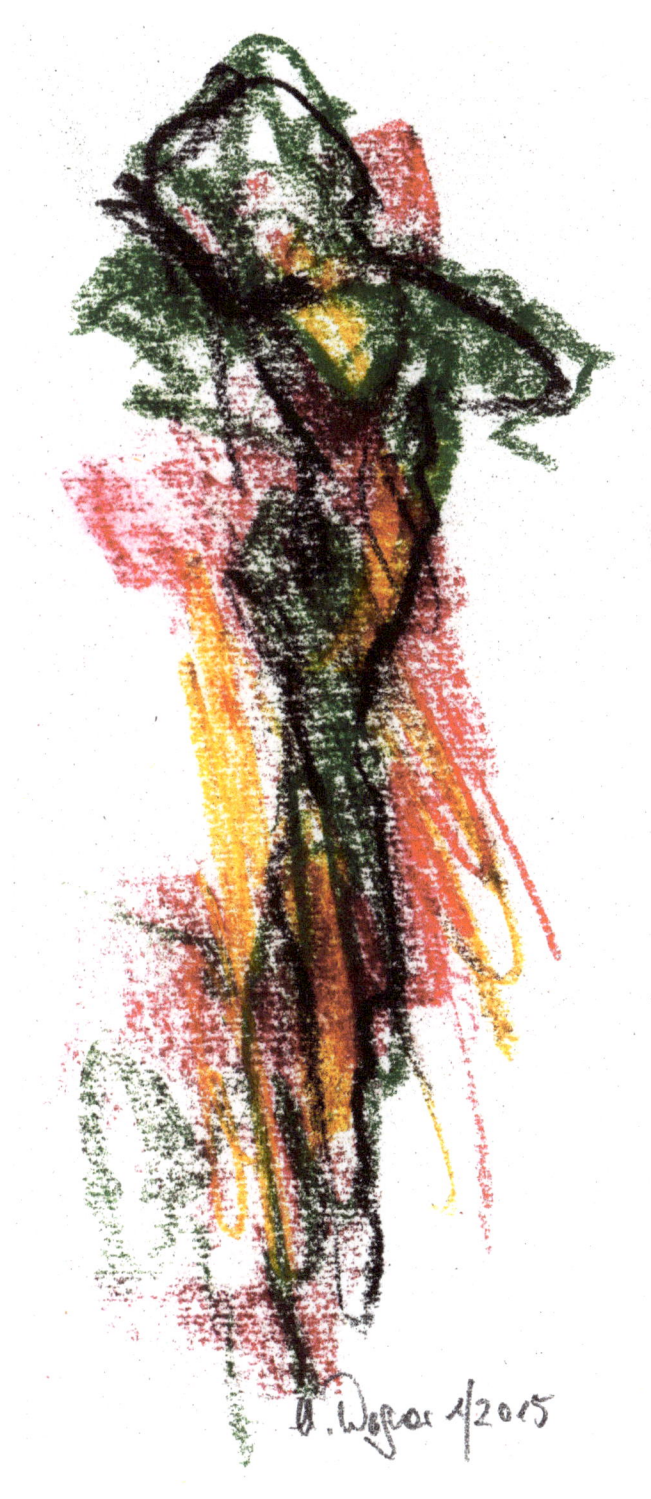

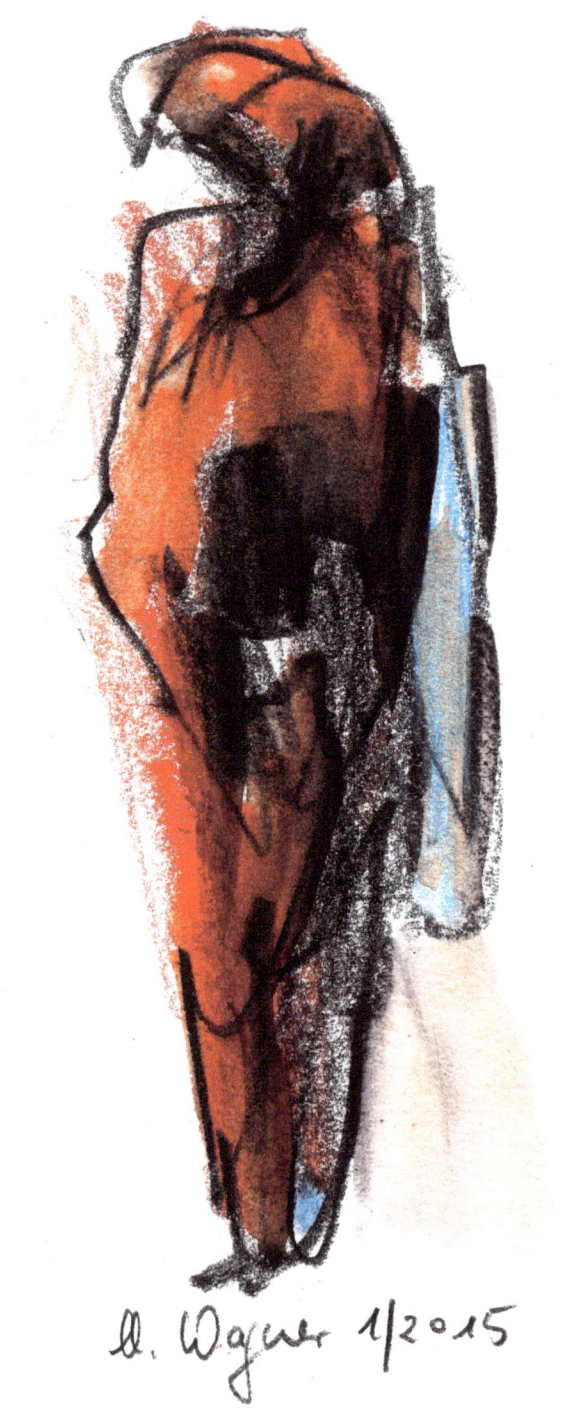

d. Wgner 1/2015

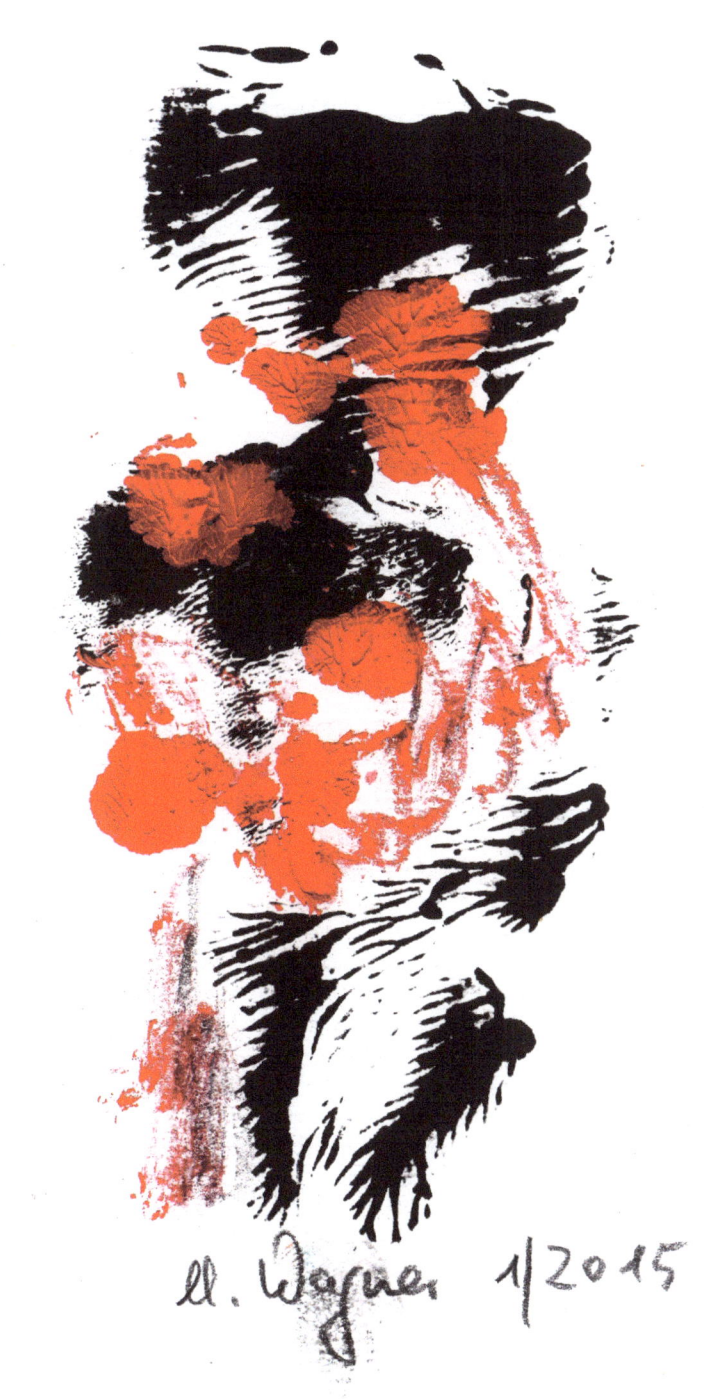

el. Wagner 1/2015

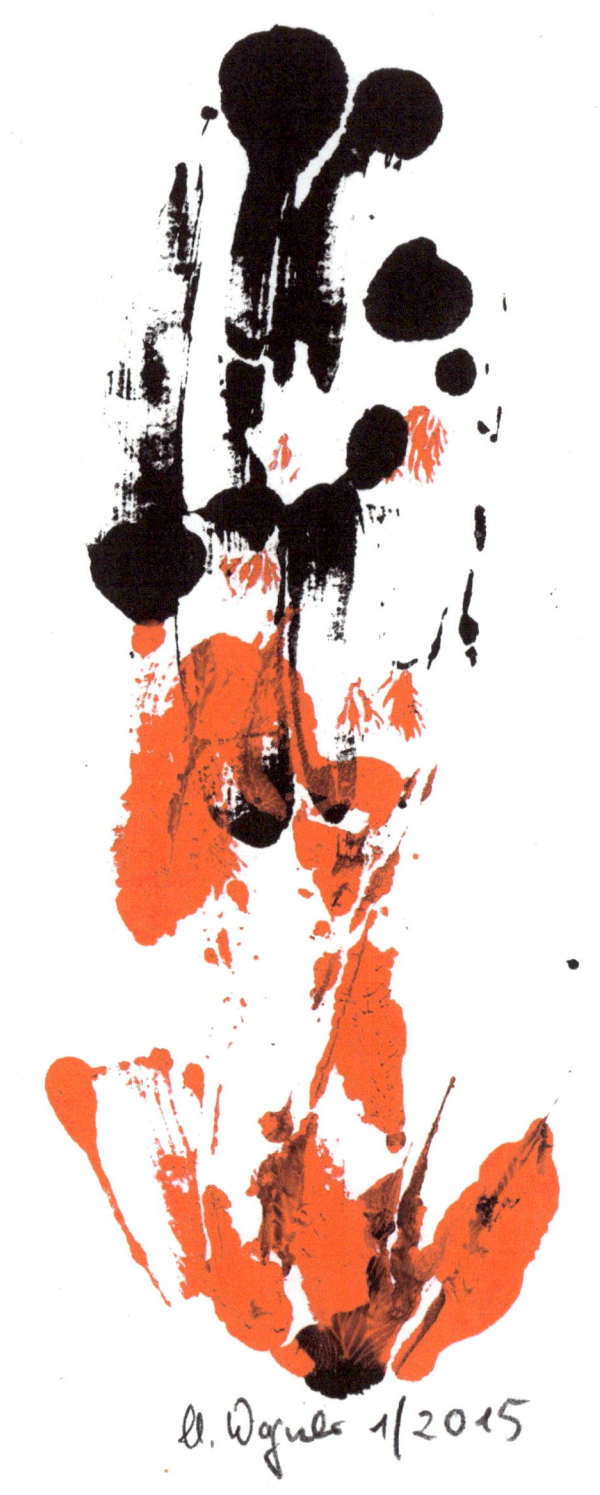

U. Wagner 1/2015

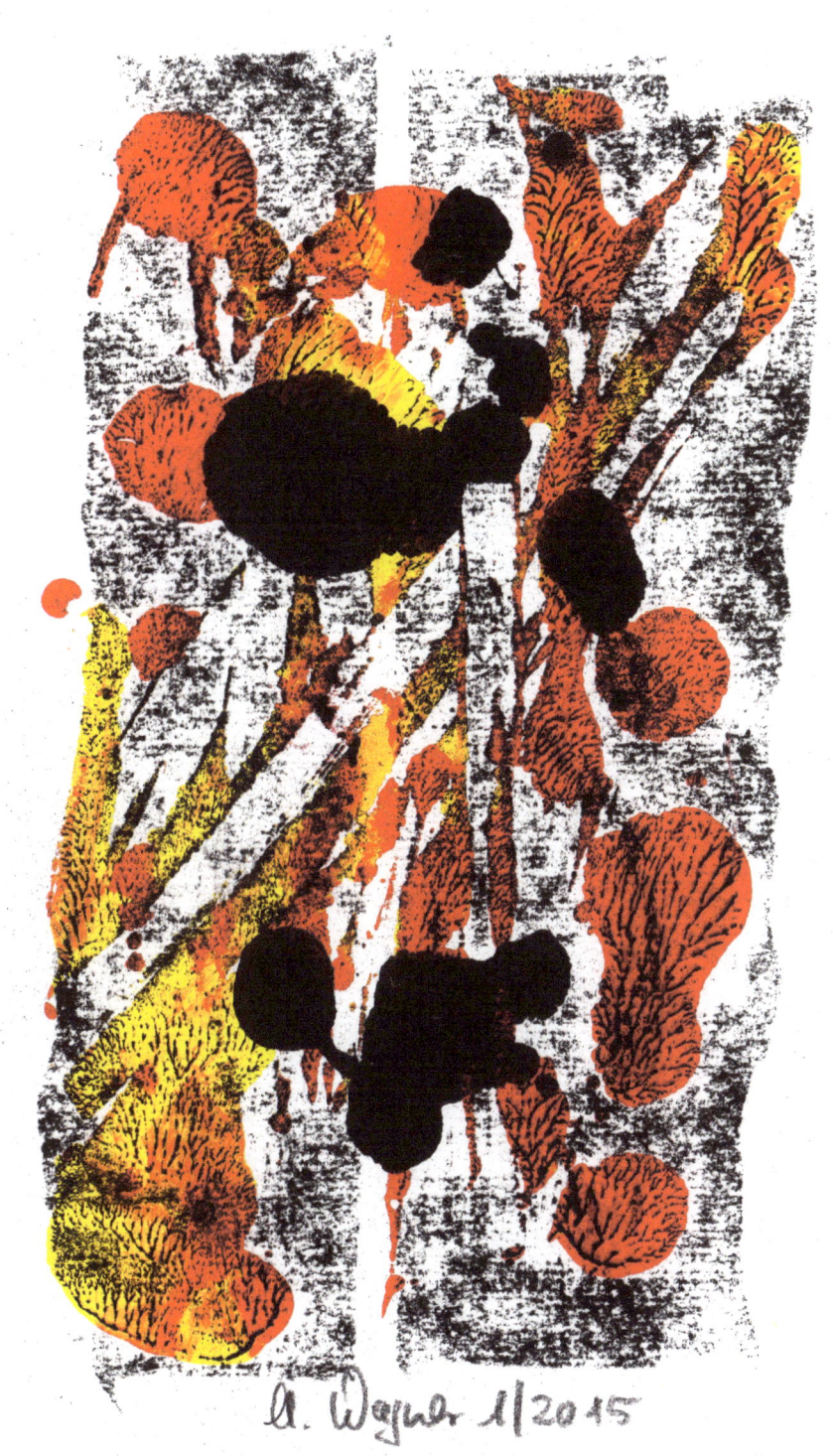

a. Wagner 1/2015

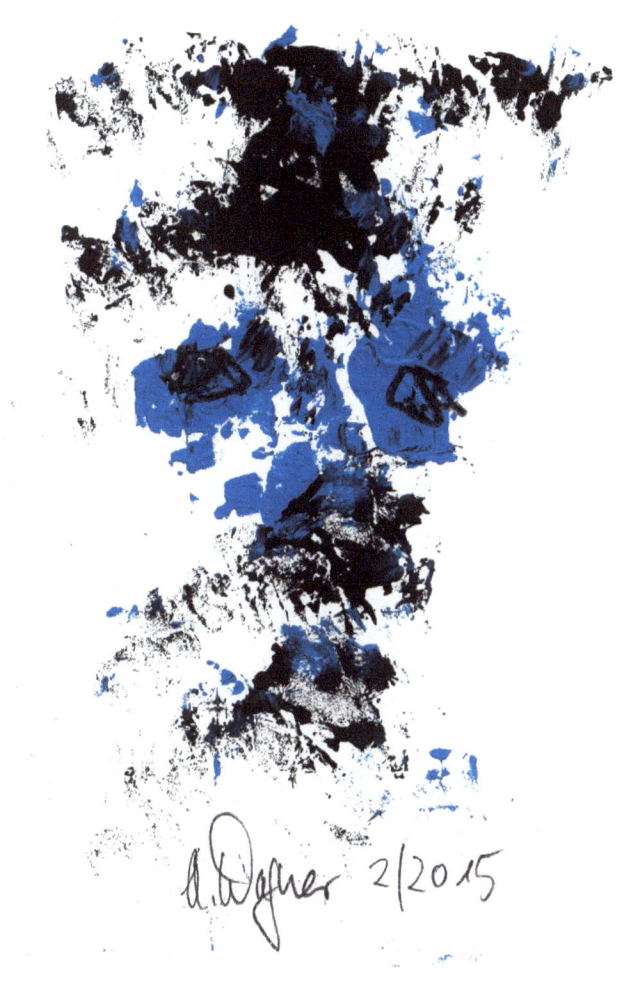

A. Wagner 2/2015

A. Wagner 1/2015

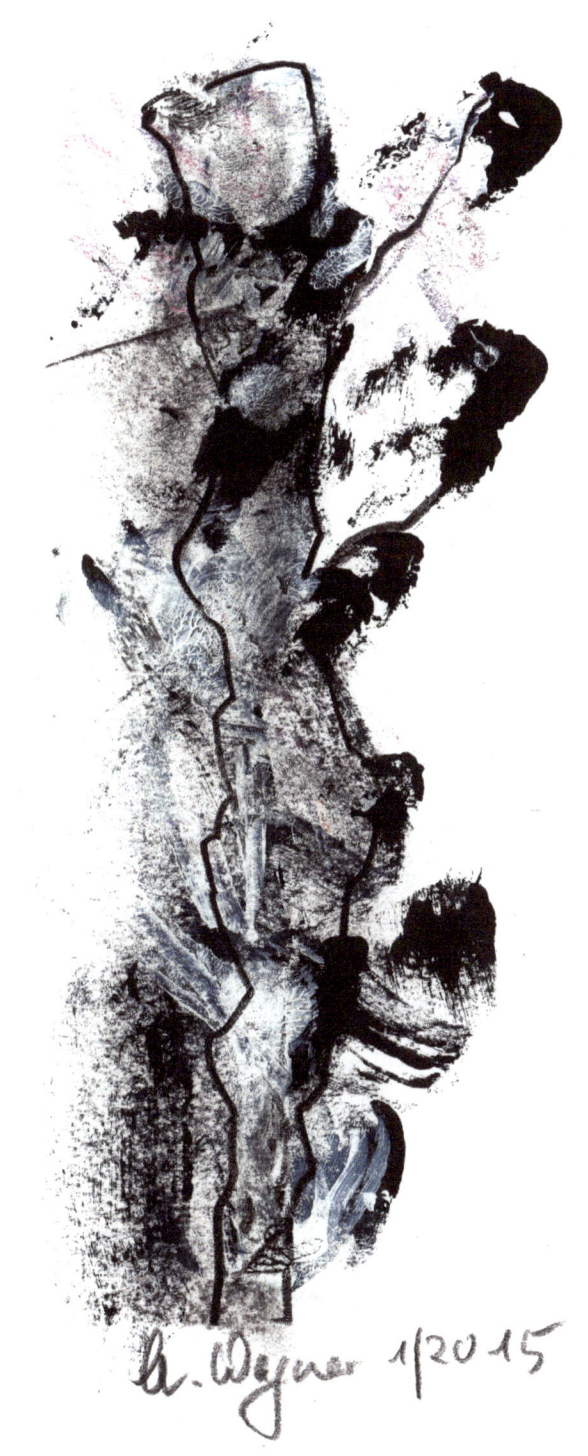

A. Wagner 1/20 15

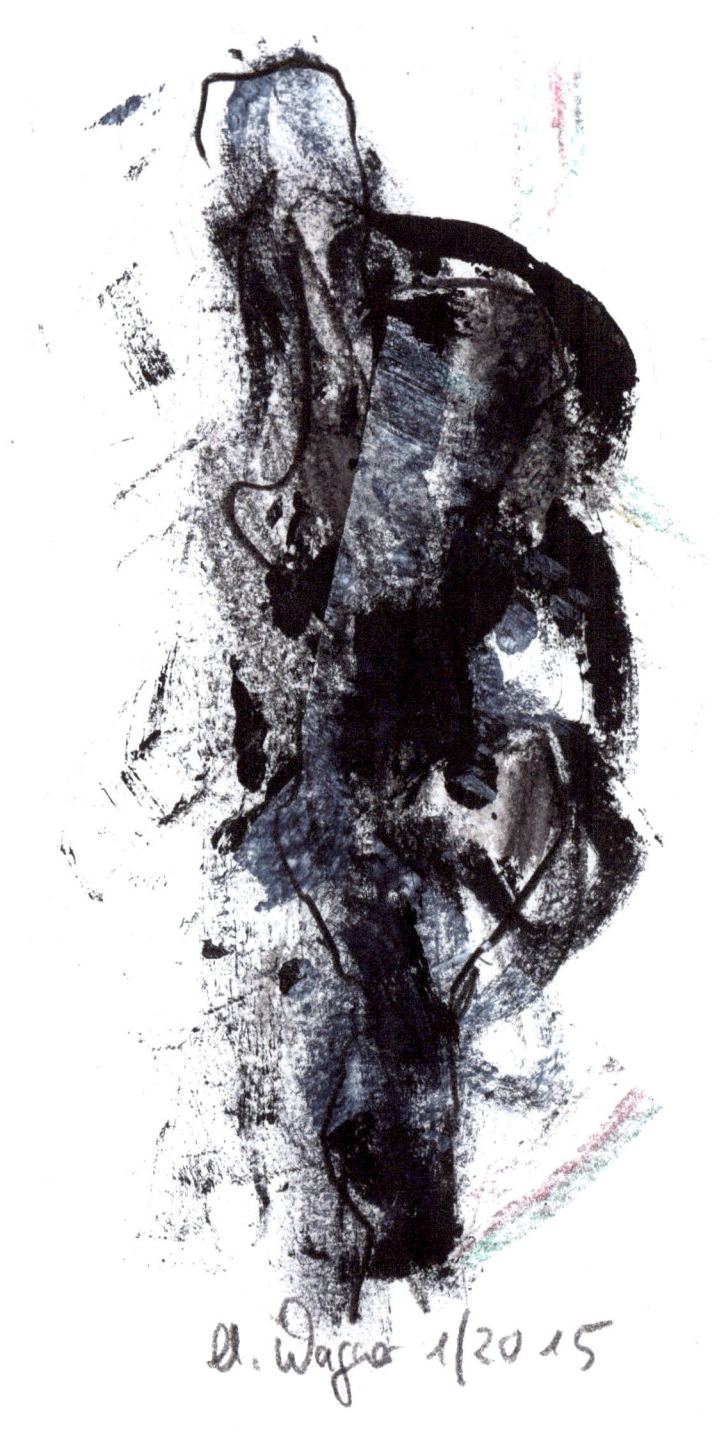

d. Wagner 1/20 15

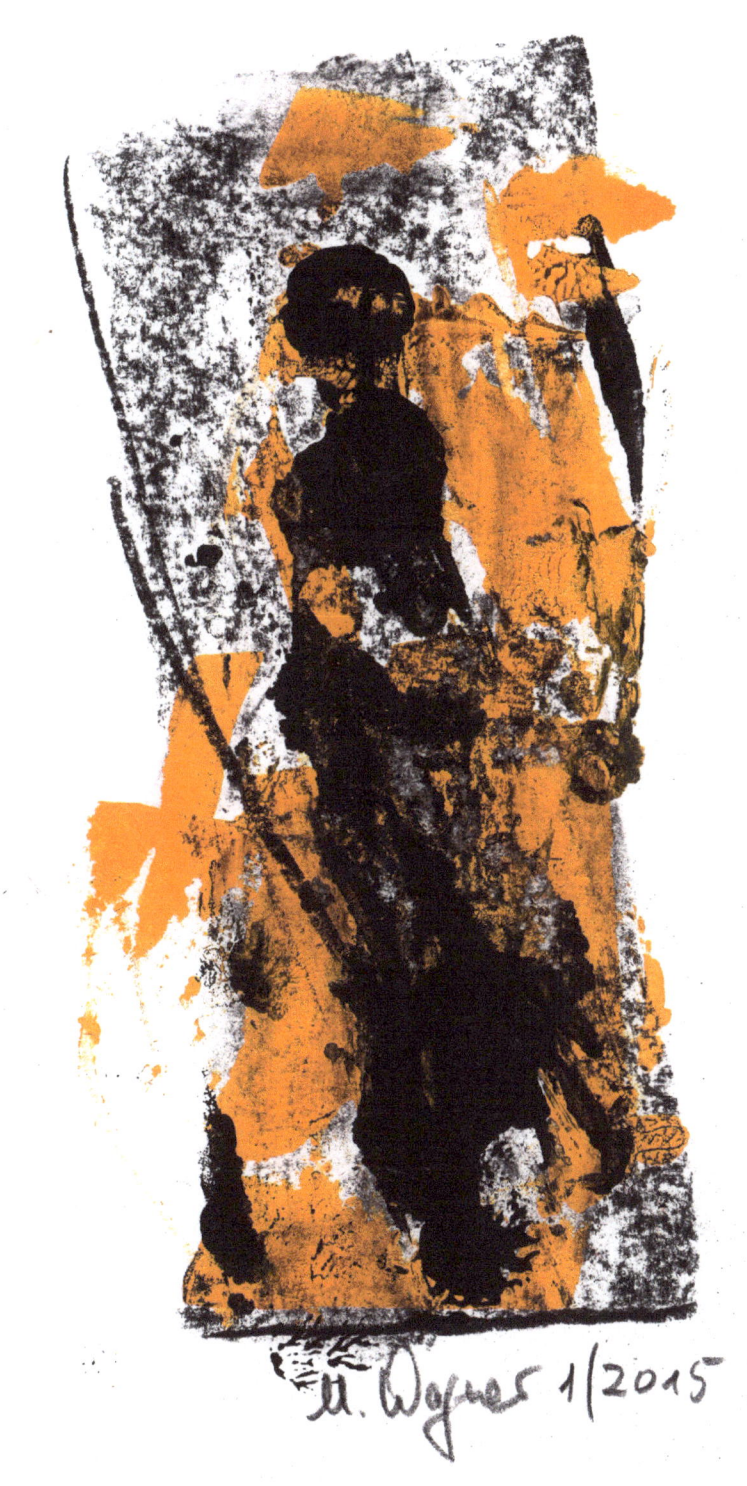

M. Wagner 1/2015

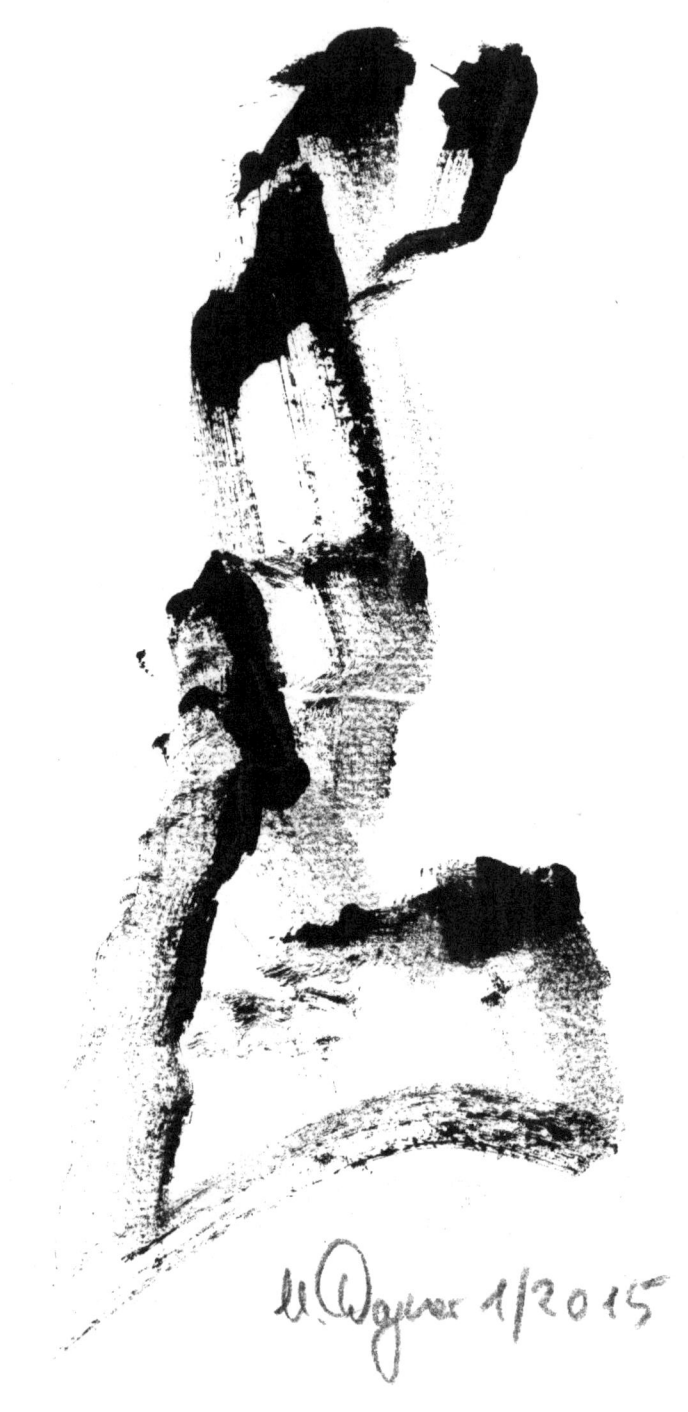

U Wagner 1/2015

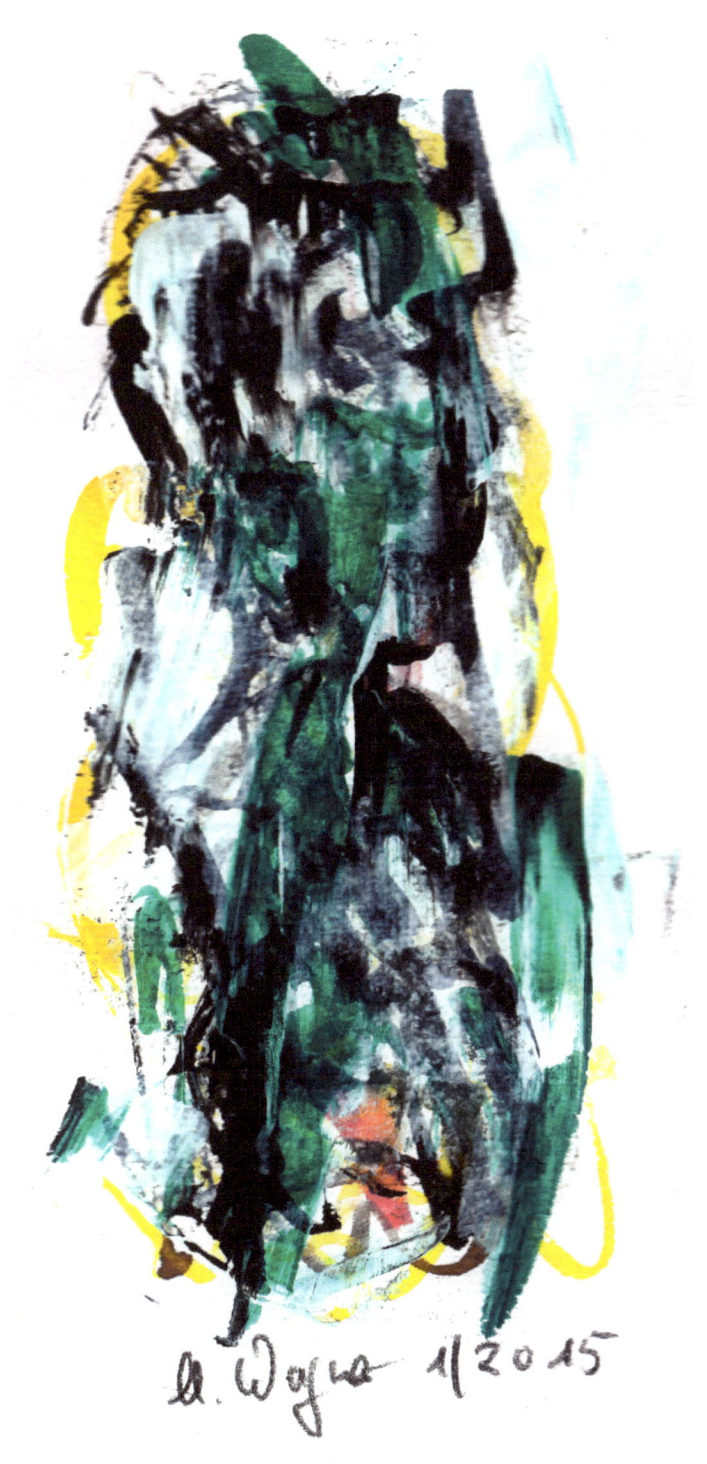

a. Wgra 1/2015

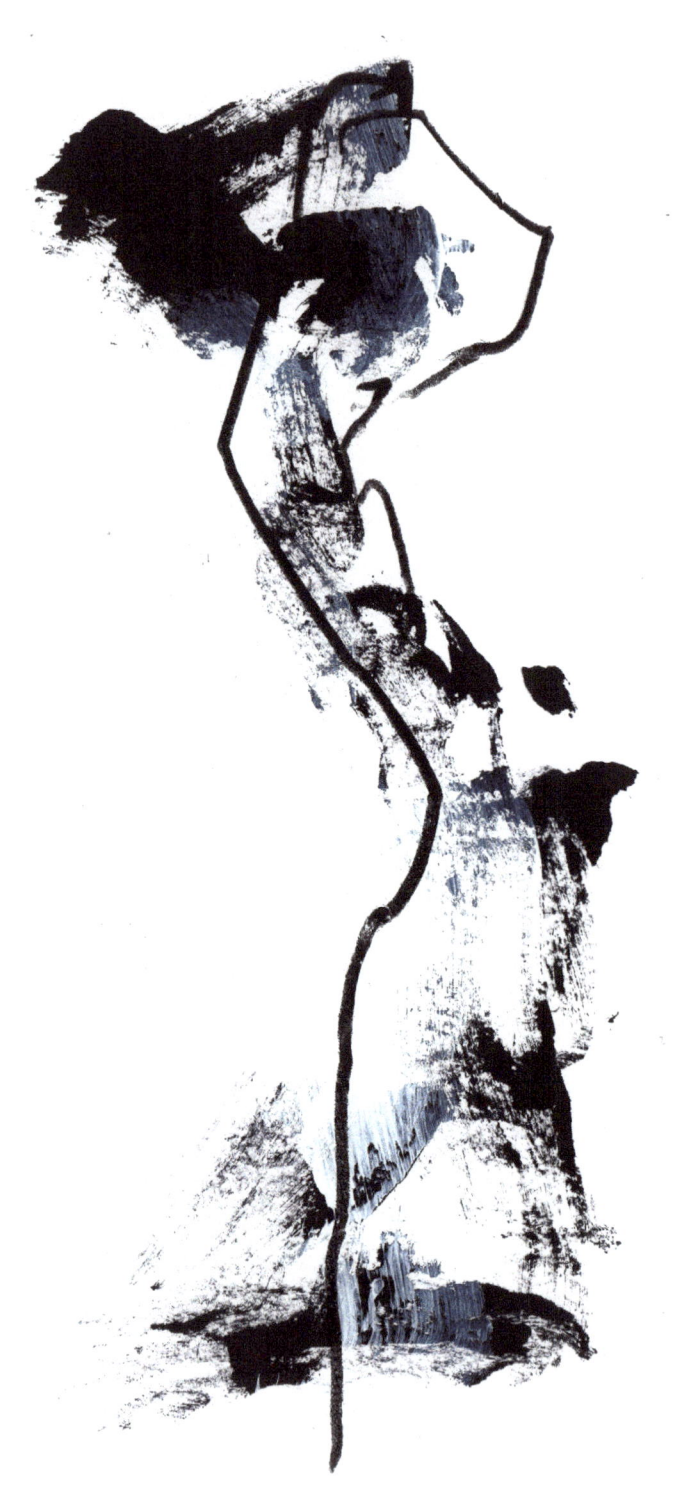

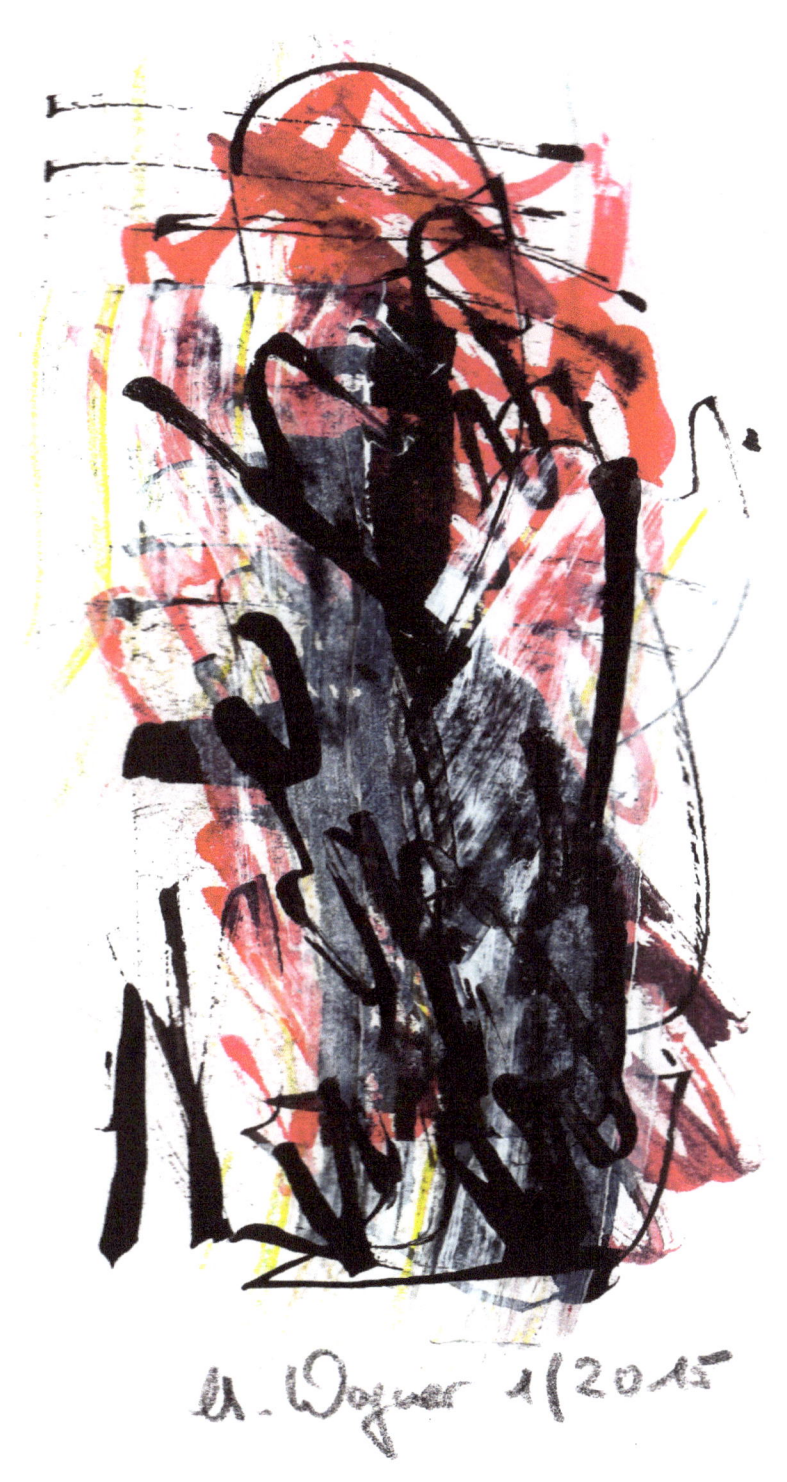

A. Wagner 1/2015

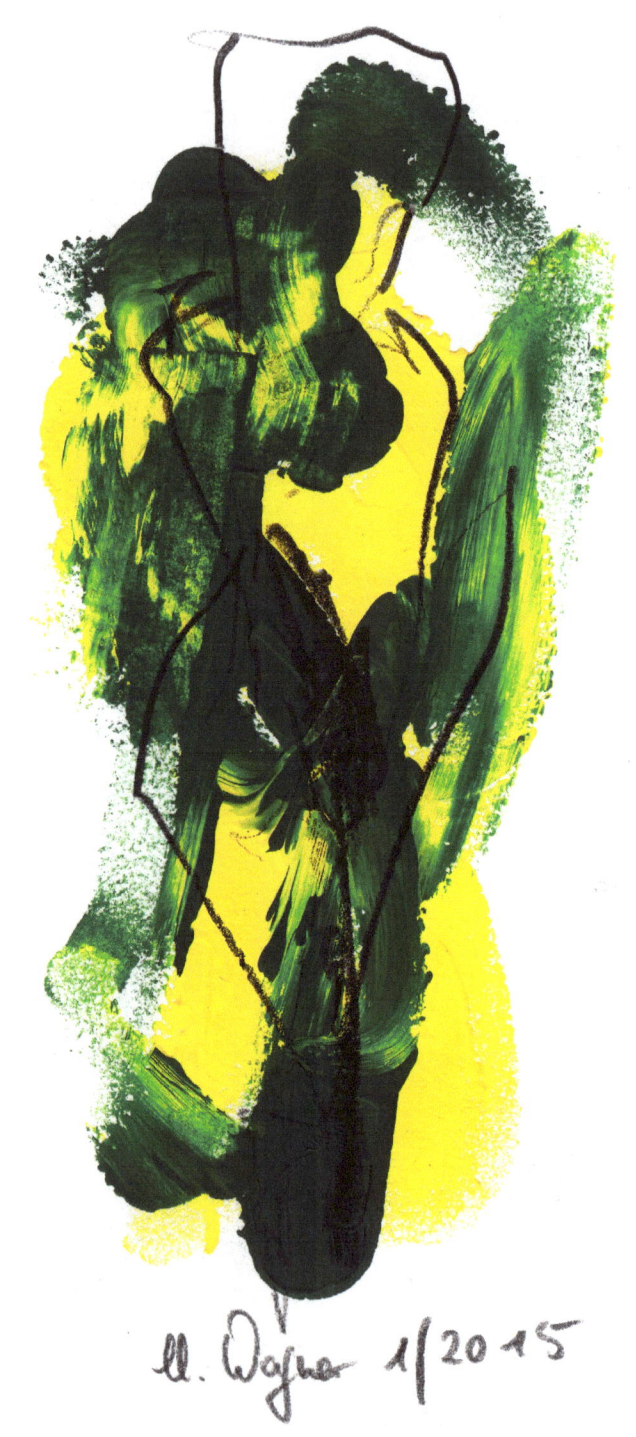

U. Wagner 1/2015

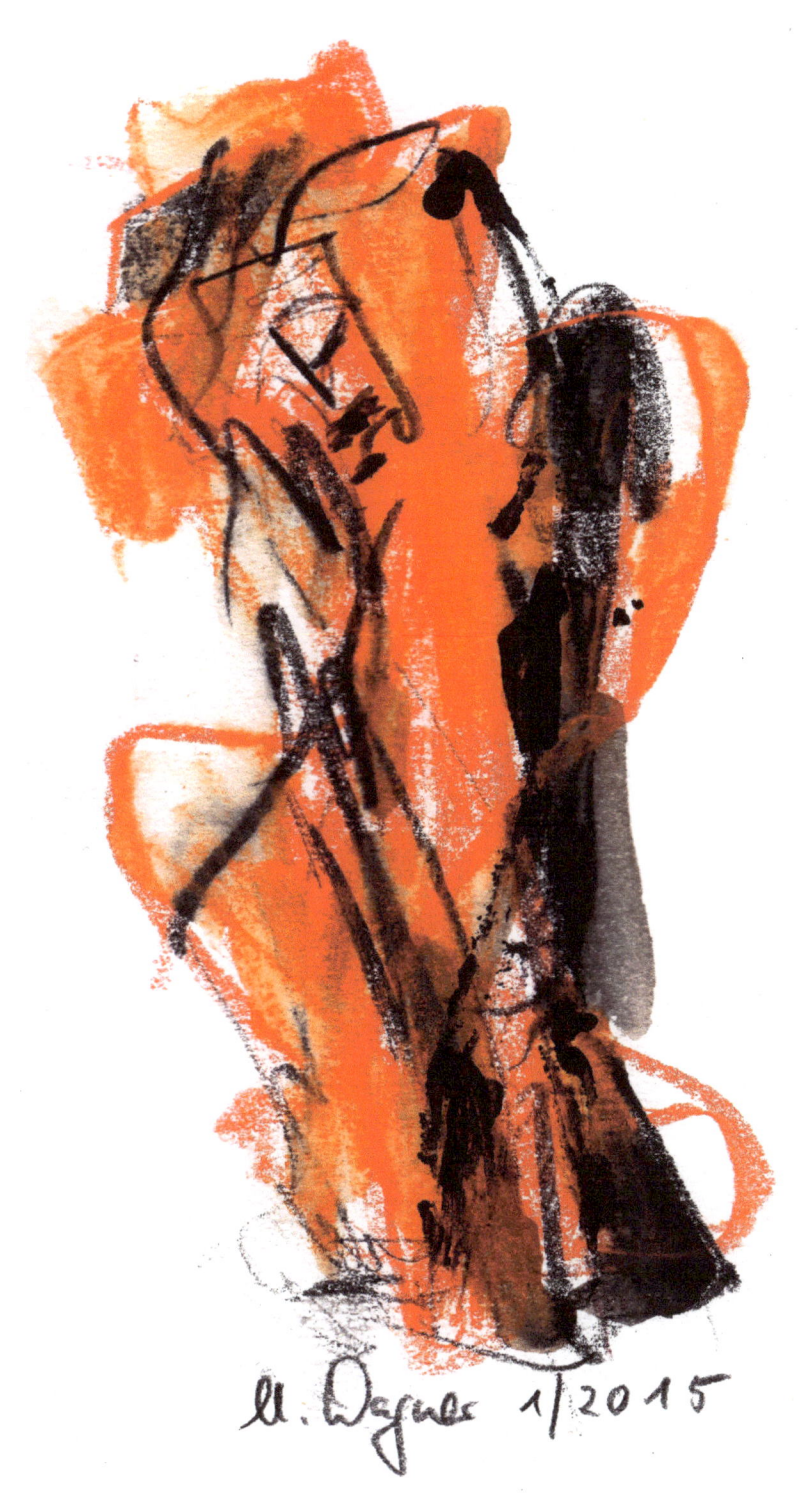

M. Wagner 1/2015

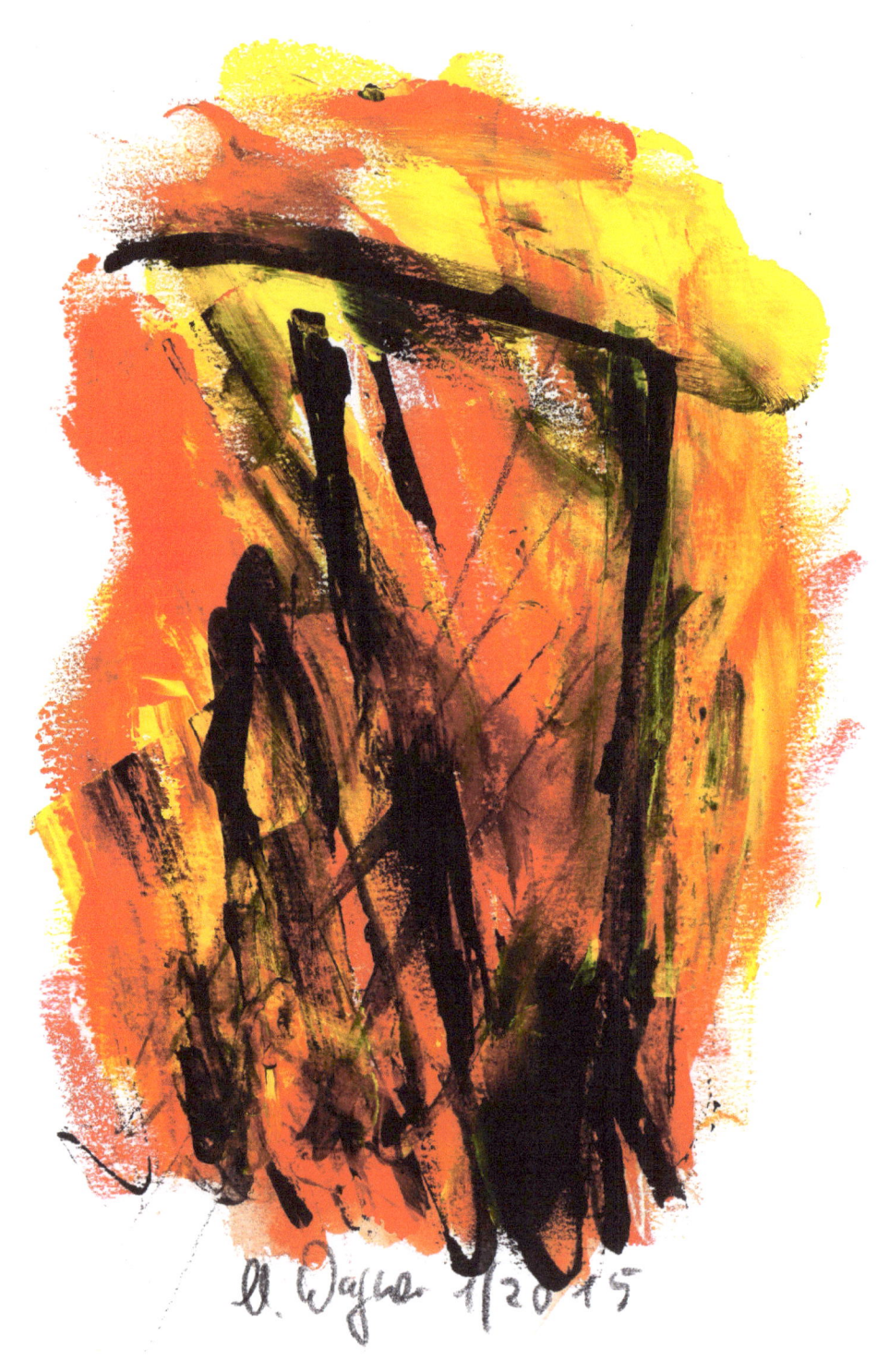

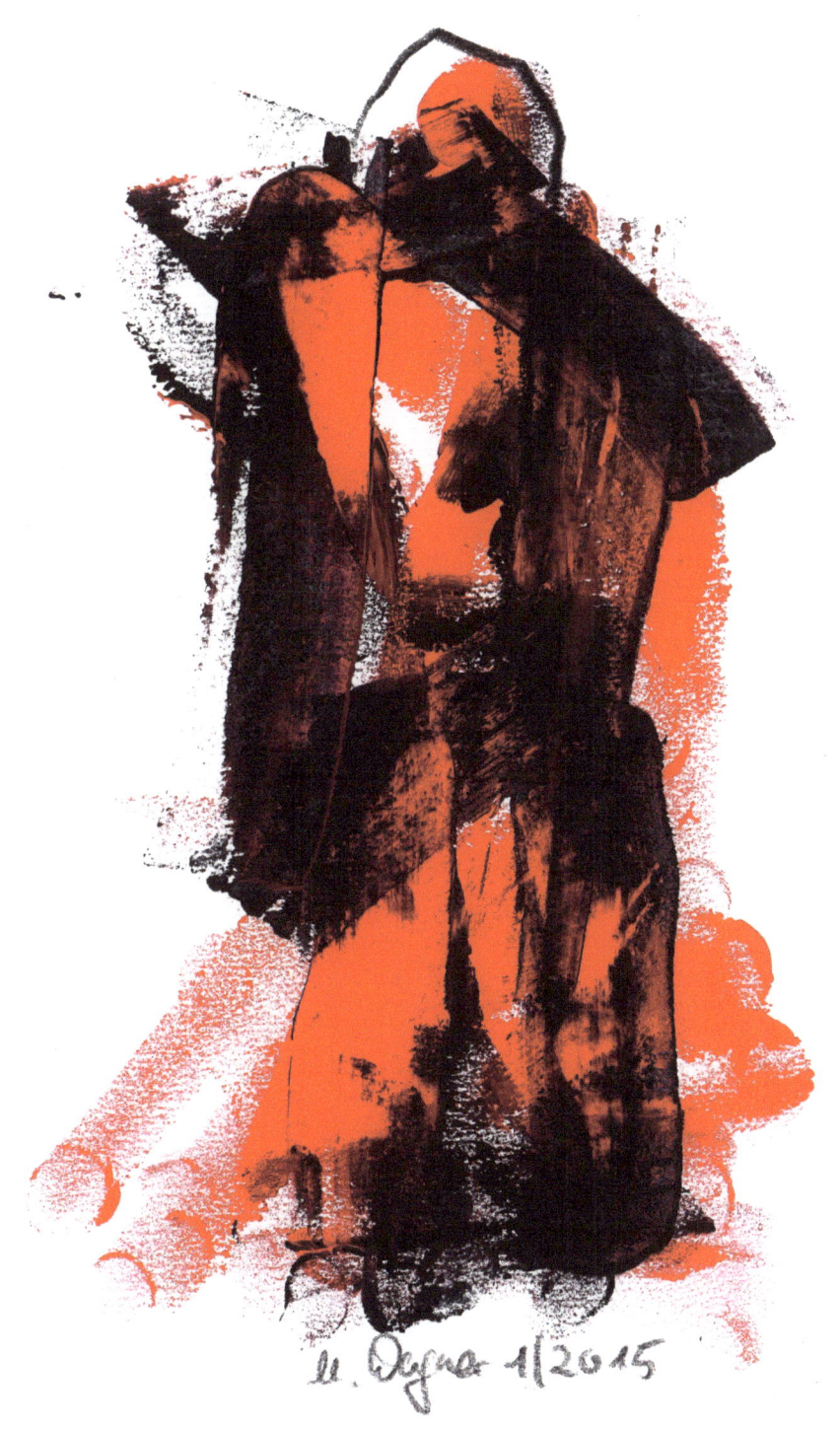

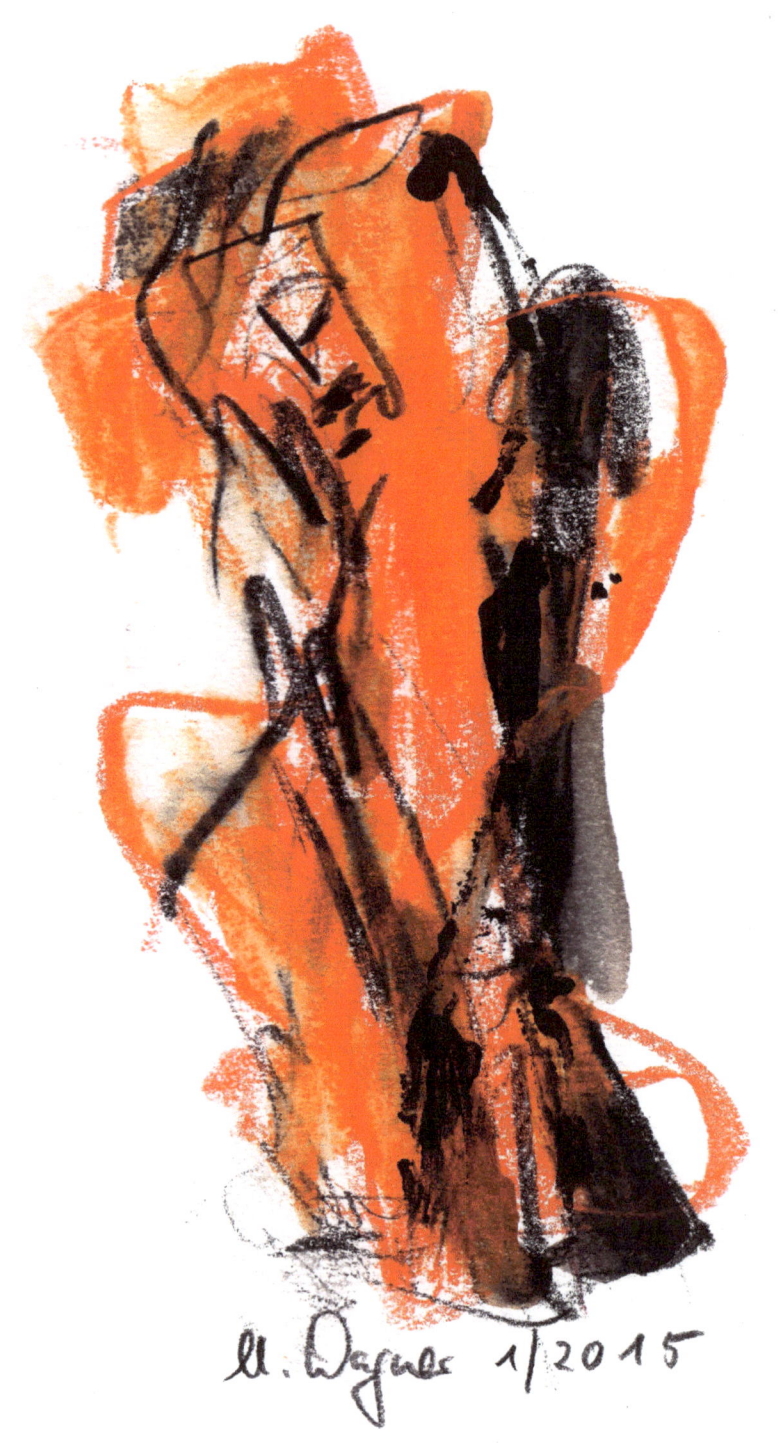

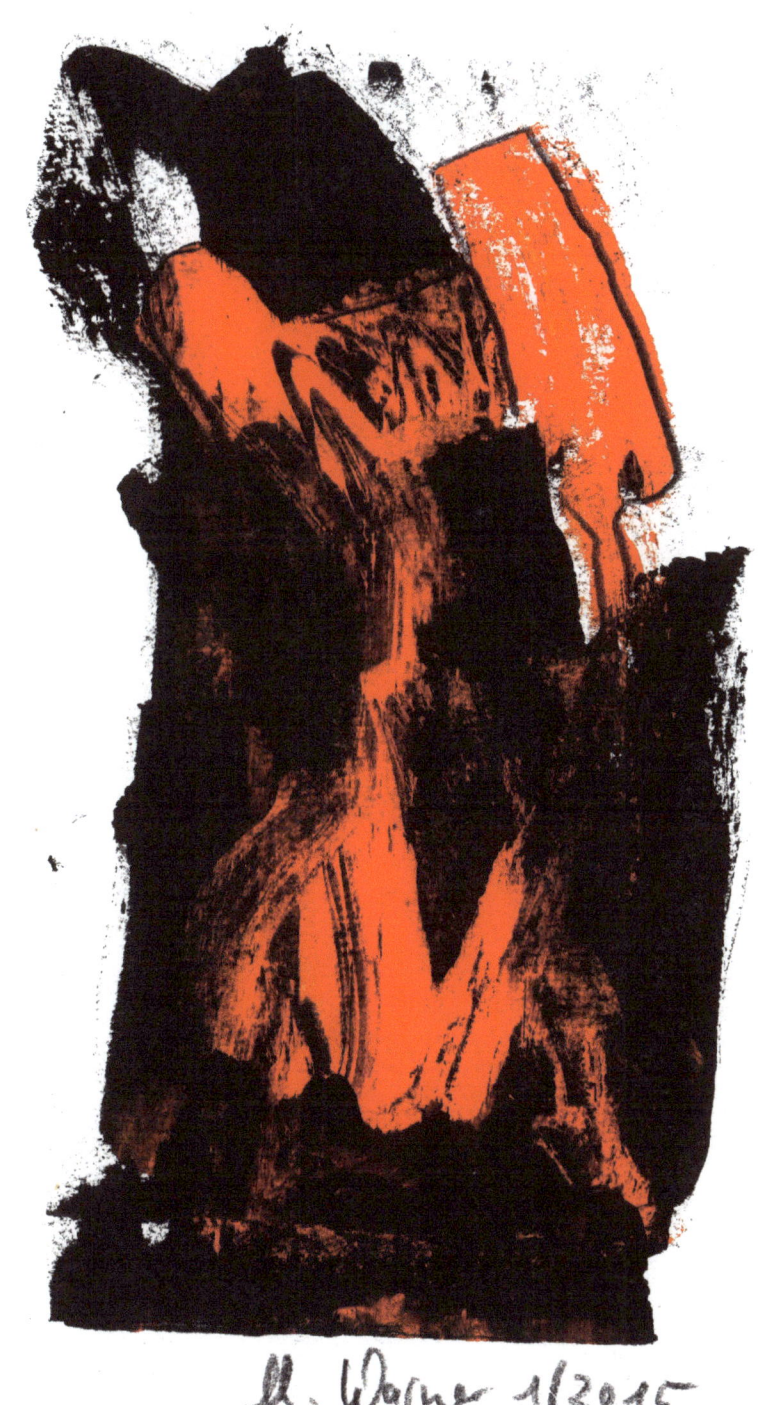

M. Wagner 1/2015

www.ingramcontent.com/pod-product-compliance
Lightning Source LLC
Chambersburg PA
CBHW040748200526
45159CB00023B/1794